LA PLEGARIA EUCARÍSTICA

VERDAD E IMAGEN MINOR
29

Colección dirigida por
Ángel Cordovilla Pérez

CESARE GIRAUDO

LA PLEGARIA EUCARÍSTICA

Culmen y fuente
de la divina liturgia

SEGUNDA EDICIÓN

EDICIONES SÍGUEME
SALAMANCA
2024

Tradujo Luis Rubio Morán
    sobre el original italiano *Conosci davvero l'Eucaristia?*

Apéndice elaborado por Emilio Vicente de Paz

© Edizioni Qiqajon, Bose 2001
© Ediciones Sígueme S.A.U., 2012
    C/ García Tejado, 23-27 - E-37007 Salamanca / España
    Tlf.: (+34) 923 218 203 - ediciones@sigueme.es
    www.sigueme.es

ISBN: 978-84-301-2210-3
Depósito legal: S. 494-2012
Impreso en España / Unión Europea
Imprenta Kadmos, Salamanca

CONTENIDO

1

ESTUDIAR LA EUCARISTÍA. SÍ, PERO ¿DÓNDE?

Todos los católicos sabemos que la celebración eucarística es el rito fundamental de nuestra fe. Y los que van habitualmente a misa saben también que el momento central de esa celebración es la consagración, y la viven de hecho como una copia exacta de lo que sucedió hace dos mil años en el cenáculo.

Pero ¿qué atención prestan los fieles en general a toda la Plegaria eucarística? ¿Se dan cuenta, por ejemplo, de que el prefacio cambia con frecuencia o de que el celebrante puede elegir una u otra de las Plegarias eucarísticas? ¡Seguro que más de uno se habrá percatado de que una de esas Plegarias, por ser algo más corta que las otras, goza de especial simpatía por parte de muchos presbíteros, que la usan casi siempre, acaso porque piensan que responde mejor a la necesidad de que la misa ocupe el menor tiempo posible dentro de la atareadísima agenda de la vida actual!

Por otra parte, muchos siguen viviendo la consagración como algo en sí mismo, separado del resto de la Plegaria eucarística; o, dicho de forma quizás más adecuada, entienden la Plegaria eucarística como una serie de oraciones independientes que sirven de marco a la consagración, pero sin saber cuál es el valor o la función de tales oraciones.

Tal ignorancia es el resultado de una opción metodológica que ha condicionado la teología de la eucaristía a lo largo de todo el segundo milenio. Las acaloradas disputas medievales sobre el sacramento del altar llevaron a los teólogos occidentales a concentrar todos sus esfuerzos en tratar de explicar el misterio de la presencia real. Se preguntaron cómo se realiza, en qué momento preciso acontece, cuáles son las palabras que la producen. A eso se debe el que los estudiosos, centrando su atención exclusivamente en la consagración, entendida de manera independiente y estática, hayan terminado por descuidar la dinámica y las riquezas de esa plegaria con la que desde siempre la Iglesia hace la eucaristía.

LA METODOLOGÍA EUCARÍSTICA DEL SEGUNDO MILENIO: ESTUDIAR LA EUCARISTÍA «EN LA ESCUELA»

Los teólogos occidentales han tratado la Plegaria eucarística de modo parecido al relojero aficionado que, para descubrir el funcionamiento de un reloj perfecto, lo desmonta pieza a pieza, sin darse cuenta de que su curiosidad por conocer el mecanismo le ha llevado a parar su movimiento, que es lo que le habría revelado su secreto.

En nuestro caso, el teólogo-relojero ha desmontado el *Canon romano*, que durante varios siglos ha sido de hecho la única Plegaria eucarística en la Iglesia romana. Ha dado a cada parte un nombre específico, como si se tratara de elementos heterogéneos. Después ha cogido la lupa para analizar los secretos de la consagración, considerada con razón como el corazón de la Plegaria eucarística, y ha amontonado desordenadamente los demás elementos de dicha plegaria en los cajones de su mesa de trabajo. Al hacer esto no ha captado el funcionamiento del «mecanismo» sacramental, es decir, no ha logrado comprender en qué relación estaban con la consagración todos esos otros elementos de la Plegaria eucarística.

La preocupación por llegar al meollo de la cuestión ha llevado a los teólogos del segundo milenio a descuidar de hecho lo esencial. Habría sido suficiente mirar más allá de los límites de la consagración materialmente entendida y ampliar el campo de observación a la Plegaria eucarística en su totalidad. De esa manera los teólogos habrían comprendido fácilmente que la transformación del pan y del vino en el cuerpo y la sangre del Señor no es un fin en sí misma, sino que se orienta a hacer la Iglesia, es decir, a transformarnos en el cuerpo místico a medida que vamos celebrando nuestras misas.

¿Qué decir, además, de aquellos que se dejaron llevar por fútiles curiosidades preguntándose, por ejemplo, si en la eucaristía el cuerpo de Cristo estaba entero o no, si tenía o no color, si era grande o pequeño, o incluso cuánto tiempo duraba la presencia real en el estómago del que había comulgado? Seguro que habría sido más fructífero y más serio haber estudiado atentamente el conjunto de la Plegaria eucarística.

Ha llegado el momento de que el teólogo-relojero abra los cajones de sus propios sistemas y coloque de nuevo juntos y en su lugar todos esos componentes del mecanismo que cuidadosamente había desmontado y luego olvidado. No puede ya contentarse con analizarlos por separado, sino que debe preocuparse por captar los secretos de la dinámica eucarística precisamente durante su funcionamiento, para ver cómo de hecho todos y cada uno de esos elementos concurren a un único fin. El teólogo debe contemplar de nuevo toda la formulación de la Plegaria eucarística y dejarse conducir por este mecanismo vivo para descubrir plenamente el misterio eucarístico. Decimos «de nuevo» porque en este apasionante estudio otros nos han precedido trazando la línea maestra que la especulación del segundo milenio había perdido.

Si queremos sintetizar la metodología del segundo milenio, podemos decir que es «la escuela» el lugar donde se forja la teología de la eucaristía. A ella acuden los que desean conocer su explicación. Allí, en los bancos del aula, los discípulos escuchan devotamente las enseñanzas del maestro. Este, desde lo alto de su cátedra colocada en el centro, expone los resultados de una especulación elaborada en su mesa de trabajo. Mientras se enuncian y discuten los artículos de la *lex credendi*, o sea, de la normativa de la fe, las miradas de los presentes se mueven en un simple «recorrido en línea recta»: el maestro mira a los discípulos, los discípulos miran al maestro; ni el uno ni los otros miran al templo, ninguno mira al altar. Cuando maestro y discípulos vayan a la iglesia a rezar, a celebrar, solo tendrán en mente lo que se ha escuchado y expuesto en el aula, pues, lógicamente, *primero estudian y después rezan, rezan en la línea de lo que han estudiado, rezan según han estudiado.*

La metodología eucarística del primer milenio: estudiar la eucaristía «en la Iglesia»

También los Padres de la Iglesia reflexionaban sobre los sacramentos y en particular sobre la eucaristía, pero su especulación se planteaba y se orientaba de manera muy diferente.

Ellos estudiaban los sacramentos en el culto y a partir del culto. Su preocupación fundamental era introducir a los fieles, mediante una comprensión orante, en el misterio mismo que se celebraba, mientras se celebraba. En la teología de los sacramentos, *primero oraban y después creían, oraban para poder creer, oraban para saber cómo y qué debían creer.*

En la época de los Padres, el lugar privilegiado donde se estudiaban los sacramentos era la iglesia: en primer lugar «la iglesia» entendida como edificio, pero también, y especialmente, la Iglesia comprendida en el momento en que se constituye como asamblea celebrativa.

Podemos imaginarnos a uno de los santos Padres, san Ambrosio de Milán, por ejemplo, mientras explica la eucaristía a sus discípulos predilectos, los neófitos. El mistagogo –es decir, aquel que introduce en la comprensión de los sacramentos– no se coloca en el centro de la escena, sino a un lado. En el centro está el altar, puesto que nos encontramos en la iglesia y en ella el verdadero maestro es el altar. Con la mirada física, maestro y discípulos se miran, el maestro mira tiernamente a los neófitos y éstos miran confiados al maestro. Pero con la mirada teológica, maestro y discípulos miran al altar, que en ningún momento pierden de vista. Es la *lex orandi* –en concreto, la Plegaria eucarística– la que se sienta en la cátedra para decir a todos qué es la eucaristía. Las miradas de los presentes se mueven, por tanto, no en una simple línea recta, sino «en triángulo»: mientras materialmente van del mistagogo a los neófitos y viceversa, teológicamente todas se mantienen fijas en el altar.

Hagamos un pequeño esfuerzo y trasladémonos con la imaginación a aquel momento. Entremos de puntillas en la iglesia donde Ambrosio, el cuarto y quinto días de la octava de pascua, explica la eucaristía. El obispo Ambrosio interpela a su auditorio formulando una pregunta, a la que él mismo responde: «¿Quieres saber de qué manera se consagra con las palabras celestiales? ¡Considera bien las palabras que se emplean! Dice el sacerdote…»[1].

Es evidente que a esta precisa pregunta un teólogo del segundo milenio le daría hoy en día una respuesta rápida y puntual, limitándose a enunciar las palabras esenciales de la consagración. Diría: «Esto es mi cuerpo» y «Esto es mi sangre». En cambio Ambrosio responde repitiendo la parte central de la Plegaria eucarística, la que va desde la petición de la transforma-

---

1. Ambrosio de Milán, *Los sacramentos*, 4, 21.

ción de las ofrendas en el *cuerpo sacramental* hasta la petición de la transformación de los participantes en el *cuerpo eclesial*, peticiones que en este fragmento ambrosiano del Canon romano enmarcan la consagración. Justamente así estudiaban la eucaristía los cristianos de los primeros siglos: partiendo del momento en que la realizaban.

Hemos comenzado nuestras reflexiones sobre la percepción que nosotros, hombres y mujeres modernos, tenemos de la misa lamentando una desinformación o por lo menos una escasa atención a la liturgia: nos hemos acostumbrado a identificar y reducir la misa prácticamente a la consagración. No le ocurre esto a Ambrosio. Él no separa las palabras de la consagración del contexto de oración en el que están colocadas. En todo momento asume la dinámica eucarística en su totalidad e insiste en la finalidad última de nuestras eucaristías, afirmando que el cuerpo sacramental se orienta a nuestra transformación en «un solo cuerpo», es decir, en el cuerpo eclesial.

Después de esta pregunta, Ambrosio saca la conclusión existencial sobre la participación del neófito en la eucaristía. Al comentar el padrenuestro, aplica a la eucaristía la petición del pan de cada día: «Si el pan es de cada día, ¿por qué vas a recibirlo solo una vez por año?… Recibe cada día lo que cada día te debe ayudar. Vive de tal manera que merezcas recibirlo cada día. El que no merece recibirlo cada día tampoco merece recibirlo una vez al año… O sea, que oyes decir que cada vez que se ofrece el sacrificio se anuncia mediante el signo la muerte del Señor, la resurrección del Señor, la ascensión del Señor y la remisión de los pecados, y luego ¿no recibes todos los días este pan de vida? Quien tiene una herida busca la medicina. La herida es que estamos bajo el pecado; la medicina es el celestial y venerable sacramento»[2].

Volvamos, por consiguiente, a estudiar la eucaristía «en la iglesia», como se hacía en el tiempo de los santos Padres. Aunque, en la catequesis o en la enseñanza superior, nos toca estudiarla dentro de unos locales o unas aulas, no olvidemos que hemos de dirigir nuestra mirada hacia la iglesia, mantener los ojos fijos en el altar, los oídos atentos a la enseñanza de aquella plegaria sin la cual la Iglesia no puede hacer la eucaristía. De esta manera redescubriremos verdaderamente la eucaristía, redescubriremos la Iglesia.

2. *Ibid.*, 5, 25.

2

LEVANTAR EL CORAZÓN
HACIA DIOS

El *diálogo invitatorio* con que se introducen todas las Plegarias eucarísticas, al igual que los elementos fundamentales de la liturgia cristiana, tiene ascendientes bíblico-judíos. Como parte de la liturgia veterotestamentaria lo hallamos ya en Nehemías 9, 5, el versículo que precede a la larga oración penitencial (9, 6-37). En la liturgia judía posterior, el diálogo, en forma de una triple invitación a bendecir al Señor y sus respectivas respuestas, introduce la gran plegaria que el padre de familia pronuncia al terminar el banquete.

EL SALUDO

En la liturgia cristiana el diálogo invitatorio comprende tres pasos sucesivos, cada uno de los cuales consta de una invitación que el presidente dirige a la asamblea y la respectiva respuesta por parte de esta. Al comentar cada elemento en particular nos dejaremos guiar por las mistagogias de los Padres de la Iglesia, es decir, aquellas catequesis con las que los obispos de los primeros siglos introducían a los neófitos en una comprensión orante de los sacramentos recibidos en la noche de Pascua. Son explicaciones preciosas para nosotros por el simple hecho de que los Padres, muy próximos todavía al área bíblico-judía, captaban inmediatamente sus enormes riquezas.

Sobre el primer elemento del diálogo invitatorio, las mistagogias de los Padres son más bien sobrias, puesto que la respectiva catequesis ya se había desarrollado a propósito del diálogo muy semejante con que había comenzado la celebración. De hecho, las fórmulas que se utilizan en este primer elemento del diálogo son las mismas que la liturgia usa siempre para el saludo inicial, a saber: «El Señor esté con vosotros», típico de la liturgia romana, o bien el saludo paulino más amplio con referencia trinitaria, propio de las liturgias orientales: «La gracia de nuestro Señor Jesucristo, el amor de Dios Padre y la comunión del Espíritu Santo estén con todos vosotros» (cf. 2 Cor 13, 13).

A propósito de la fórmula «*El Señor esté con vosotros*», Agustín († 430) observa: «Lo decimos cada vez que rezamos porque nos conviene que el Señor esté siempre con nosotros, ya que sin Él no somos nada»[1]. Se trata, por consiguiente, de un deseo que pide para la asamblea la asistencia solícita y amorosa de Dios.

Teodoro de Mopsuestia († 428), coincidiendo con Agustín, presenta ese saludo como invocación de la bendición divina sobre la asamblea: «El sacerdote considera que antes de esta liturgia eucarística, incluso antes de cualquier otra cosa, es hermoso que el pueblo

---

1. Agustín de Hipona, Sermón «Regenerados a una nueva vida».

sea bendecido con esta palabra apostólica, que tiene en sí algo de sublime (cf. 2 Cor 13, 13)... Precisamente por esto, cuando se dispone a cumplir esta grandiosa liturgia por medio de la cual se nos orienta hacia tales esperanzas, el sacerdote con toda razón lo primero que hace es bendecir al pueblo con esta palabra»[2].

A propósito de la respuesta: «*Y con tu espíritu*», con relativa frecuencia los Padres, aplicando una exégesis de tipo acomodaticio, refieren la palabra «espíritu» al Espíritu Santo. Así lo explica Teodoro: «El sacerdote bendice a los participantes, y a su vez él recibe de ellos la bendición, puesto que se dirigen a él y a su Espíritu. Pues con esta expresión: 'Y con tu Espíritu', no se refieren ellos al alma, sino a la gracia del Espíritu Santo, mediante la cual aquellos que le son encomendados creen que él fue elevado al sacerdocio... Por esto, aquellos que se han reunido en la iglesia dicen al sacerdote: 'Y con tu Espíritu', de acuerdo con las normas establecidas por la Iglesia desde el principio. Pues, en efecto, cuando el sacerdote está bien en todo, eso repercute en ventaja para el cuerpo de la Iglesia; pero si el sacerdote anda mal, la comunidad sufre y se ve perjudicada. Por eso en este momento ruegan todos para que... tenga la gracia del Espíritu Santo. Así cuidará todo lo que es necesario y llevará a cabo la liturgia para la comunidad como conviene»[3].

El obispo Teodoro hace hincapié aquí en la fragilidad humana de la que no se ve libre quien preside.

2. Teodoro de Mopsuestia, *Segunda homilía sobre la misa*, 2.
3. Id., *Primera homilía sobre la misa*, 36-38.

La asamblea es plenamente consciente de ello y, por eso, con su simple respuesta ruega para que el Espíritu Santo asista al presidente en el desempeño de la gran función que la Iglesia le ha confiado.

Con la exégesis espiritual de Teodoro concuerda la explicación de Juan Crisóstomo († 407), que en una homilía pronunciada siendo aún presbítero, en presencia de su obispo Flaviano, dice a los fieles: «Con esta respuesta traéis a vuestra memoria que aquel mismo que está presente de modo visible [es decir, el presidente] no obra nada, que los dones presentados no son el resultado de la naturaleza humana, sino que es la gracia del Espíritu, que está presente y aletea sobre todos, la que va a realizar el místico sacrificio»[4].

Estas muestras de mistagogias patrísticas indican que la densidad del saludo del presidente se encuentra como recogida y ampliada en la respuesta de la asamblea. Pues con la respuesta «y con tu espíritu», lo primero que hace la asamblea ante su presidente es una confesión de fe, como quien dice: «Sí, ciertamente, *el Señor está* también con tu espíritu, puesto que en ti ya actúa el Espíritu Santo». Pero a la vez en forma de deseo le dice: «*Que el Señor esté* también con tu espíritu, para que el Espíritu Santo actúe siempre en ti».

Con el primer elemento del diálogo invitatorio el presidente y la asamblea se recuerdan entre sí que van a iniciar conjuntamente la plegaria más comprometedora de que dispone la Iglesia. Para ella, más que para ninguna otra, es indispensable la ayuda divina.

---

4. Juan Crisóstomo, *Homilía sobre el santo Pentecostés*, I, 4.

LA INVITACIÓN A LA «TENSIÓN DEL CORAZÓN»

La invitación cristiana a «levantar el corazón» depende de una noción que la mística judía designaba, con un término técnico, como *kawwanat ha-lev*, o sea, *tensión del corazón*. Dicha expresión hebrea significa en realidad la disposición, concentración y orientación de todo el ser hacia lo divino, en especial durante la plegaria. Junto a la «tensión del corazón», la tradición judía habla de la «tensión de la mente». Estas dos ideas han sido recogidas por la liturgia cristiana.

Cirilo de Jerusalén († 387) presenta esta segunda invitación como una auténtica orden que el presidente dirige con toda su autoridad a la asamblea; insiste, por tanto, en el compromiso que cada uno de los fieles asume con su respuesta: «Después de esto el sacerdote grita: 'Levantemos los corazones'. En efecto, en esa hora sublime es preciso verdaderamente tener levantado el corazón hacia Dios, y no orientarlo hacia abajo, hacia la tierra y los asuntos terrenos. Por eso el sacerdote ordena enérgicamente en ese momento que arrojemos fuera de nosotros todas las preocupaciones de la vida, las inquietudes domésticas, que levantemos el corazón al cielo, hacia el Dios amigo de los hombres. Y entonces respondéis: 'Lo tenemos levantado hacia el Señor', aceptando ese mandato con vuestro reconocimiento. Que ninguno pronuncie con la boca: 'Lo tenemos levantado hacia el Señor', mientras su pensamiento está ocupado con las preocupaciones de la vida. Es verdad que debemos acordarnos de Dios en todo momento; pero, aunque esto es imposible debido a la fragilidad humana, en esa hora solemne hemos de tener el pundonor de procurarlo»[5].

No menos vigorosa es la exhortación que Teodoro de Mopsuestia dirige a sus cristianos: «Después del saludo el sacerdote prepara al pueblo diciendo: '¡Arriba vuestras mentes!', para manifestar que, aunque realicemos aquí en la tierra esta liturgia sublime e inefable, hemos de mirar hacia arriba, hacia el cielo, y dirigir hacia Dios la mirada de nuestra alma, puesto que hacemos el memorial del sacrificio y de la muerte de nuestro Señor Cristo, que por nosotros padeció y resucitó, se unió a la naturaleza divina, está sentado a la derecha de Dios y está en el cielo. Por tanto, es necesario que también nosotros dirijamos la mirada de nuestra alma y, a partir de este memorial, pongamos allí nuestro pensamiento. Entonces el pueblo responde: 'Hacia ti, Señor'. Con sus palabras confiesan que ya están comprometidos en hacerlo así»[6].

Agustín advierte que la «tensión del corazón», por mucho que requiera el empeño del fiel, es en sí misma un don de Dios. Jugando con la contraposición «arriba» - «abajo» exhorta a sus neófitos de esta manera: «Después del saludo que conocéis: 'El Señor esté con vosotros', habéis oído: 'Arriba el corazón'. Toda la vida de los verdaderos cristianos es tener el corazón en lo alto: no de los cristianos solo de nombre, sino de los cristianos de hecho y de verdad, es tener en lo alto el corazón. ¿Qué es tener el corazón en lo alto? Es la

---

5. Cirilo de Jerusalén, *Catequesis mistagógicas*, 5, 4.
6. Teodoro de Mopsuestia, *Segunda homilía sobre la misa*, 3-4.

esperanza en Dios, no en ti; porque tú estás en lo bajo, Dios está en lo alto. Si pones en ti tu esperanza, el corazón está hacia abajo, no está hacia lo alto. Por eso cuando habéis oído en boca del sacerdote: 'Arriba el corazón', respondéis: 'Lo tenemos vuelto hacia el Señor'. Procurad responder una cosa verdadera, porque respondéis en relación con las acciones de Dios. Que sea así como decís. No suceda que la lengua pronuncie una cosa y la conciencia diga lo contrario. Y como el hecho mismo de tener el corazón en lo alto es Dios quien os lo concede y no vuestras propias fuerzas, cuando habéis dicho que tenéis el corazón allá arriba, dirigido hacia el Señor, el sacerdote toma de nuevo la palabra y dice: 'Demos gracias al Señor, nuestro Dios'. ¿Por qué esta invitación a dar gracias? Porque tenemos el corazón en lo alto, y si él no lo hubiese levantado, estaríamos todavía tendidos por tierra»[7].

Cesáreo de Arlés († 543), en un tono dolorido por la falta de sensibilidad litúrgica que advierte en sus fieles, dice en un sermón: «Cuando la mayor parte del pueblo, o peor aún, casi todos salen de la iglesia después de la proclamación de las lecturas, ¿a quién dirá el sacerdote: 'Arriba los corazones'? O mejor, ¿cómo podrán responder que tienen los corazones arriba, ya que se van a la plaza lo mismo con los corazones que con el cuerpo?»[8].

Como confirmación de la importancia que los mistagogos concedían a la invitación «Arriba los corazo-

---

7. Agustín de Hipona, Sermón «Esto que estáis viendo».
8. Cesáreo de Arlés, *Sermones*, 73, 2.

nes», queremos mencionar una información que nos transmite posteriormente un diácono de Lyon que se llamaba Floro († 860). En su comentario a las plegarias de la misa, cuando habla del diálogo invitatorio, escribe estas palabras: «Los sacerdotes del pasado, que no se preocupaban tanto de la elegancia del discurso cuanto más bien de la salvación y de la edificación del pueblo, en atención a los incultos y a los aldeanos solían pronunciar la invitación 'Arriba los corazones' no en la lengua oficial, sino en la vulgar, para confiar más plenamente a los sentimientos de todos una realidad de tan enorme importancia»[9].

La invitación a la acción de gracias

Volvamos a la mistagogia de Teodoro allí donde la dejamos antes: «El sacerdote dice: 'Demos gracias al Señor'. En efecto, es por las cosas que fueron realizadas por nosotros y cuyo memorial vamos a hacer en esta liturgia, por lo que en primer lugar debemos una acción de gracias a Dios, causa de todos estos bienes, por los cuales el pueblo responde: 'Es justo y necesario'... Entonces, puestos todos en pie, en silencio y con gran reverencia, el sacerdote comienza a ofrecer la oblación e inmola el sacrificio de la comunidad. Y un temor comunitario, por su parte y por parte de todos nosotros, cae sobre él debido a lo que ha acontecido, a saber, por el hecho de que nuestro Señor aceptó en lugar de todos la muerte, cuyo memorial va a rea-

9. Floro de Lyon, *La explicación de la misa*, 15.

lizarse en este sacrificio. Como el sacerdote es en este momento el portavoz de la Iglesia, en esta grandiosa liturgia se sirve de palabras adecuadas –que además constituyen la alabanza de Dios– confesando que a Dios se debe toda alabanza y toda glorificación»[10].

En síntesis, pues, la función del diálogo invitatorio es establecer la relación cultual entre la asamblea y Dios, poniendo al participante humano en tensión de mente y de corazón hacia el protagonista divino. Hasta el final de la Plegaria eucarística a nadie se le permitirá rebajar tal *tensión del corazón*. Si esto vale para los fieles, vale sobre todo para aquel que, en su función de presidente, está llamado a dirigir en primera persona la solemne oración a Dios Padre.

El diálogo invitatorio nos ha llevado así al umbral de la Plegaria eucarística, dado que precisamente con las palabras-gancho de la tercera invitación y su respectiva respuesta («Es justo y necesario») comienza esa oración solemne que pertenece tanto al presidente como a la asamblea. Pues el presidente es la voz de la asamblea y la asamblea está toda ella en la voz del presidente. El destinatario único del discurso es Dios Padre, que escucha el grito de alabanza suplicante de su Iglesia. Se trata de *un discurso rigurosamente unitario* que se desarrolla sin interrupción *entre el diálogo invitatorio y el «Amén» final.*

---

10. Teodoro de Mopsuestia, *Segunda homilía sobre la misa*, 4-5.

3

LA ACCIÓN DE GRACIAS

La palabra «eucaristía», procedente del griego, tiene en su haber dos milenios de uso cristiano. Da fe de su antigüedad el testimonio de Justino, que la refiere ya a la celebración del memorial del Señor. Sabemos que este ilustre Padre de la Iglesia, nacido en Samaría, hijo de colonos griegos, convertido desde el paganismo y condenado a muerte por su fe cristiana en Roma hacia el año 165, no fue ni obispo ni presbítero ni diácono, sino –como se diría hoy– un laico comprometido. En un opúsculo suyo titulado *Primera apología*, dirigido a los paganos de Roma para defender a los cristianos de las acusaciones infamantes lanzadas contra ellos, nos ha dejado la descripción más antigua de la misa.

La «acción de gracias» en el relato de Justino

Justino, después de exponer la primera parte de la celebración dominical, es decir, la liturgia de la palabra, continúa así:

> Después… se lleva el pan y el vino y el agua, y el que preside eleva a la vez *súplicas y eucaristías* («acciones de gracias») con todas sus fuerzas, y el pueblo aprueba por aclamación respondiendo: «Amén». En-

tonces los *elementos eucaristizados* (aquellos «sobre
los que se han dado 'gracias'») son distribuidos y
recibidos por cada uno; y por medio de los diáconos
también se envían partes a aquellos que no han podido estar presentes[1].

Esta narración destaca las dos articulaciones estruc-
turales de la Plegaria eucarística: la «acción de gracias»
y la «súplica». No debe maravillarnos el hecho de que
Justino invierta el orden. Se trata de un rasgo estilístico suyo: habitualmente dice primero lo que en pura
lógica es posterior, y viceversa. Las oraciones veterotestamentarias y judías muestran que primero se alaba
a Dios y después se le suplica. Es importante prestar
atención a ambas, pues el cristianismo nace del Antiguo Testamento a través del judaísmo, y no se puede
olvidar que las primeras generaciones cristianas siguie-
ron orando durante algún tiempo con las mismas fórmulas con que el hebreo Jesús se dirigía a Dios Padre.

Además de designar como «eucaristía» o «acción
de gracias» a la primera parte de la oración eucarística, Justino habla de «elementos eucaristizados», que
se distribuyen a los fieles y, por medio de los diáconos, se envían a los que no han podido estar presentes. Se trata de una expresión tomada directamente del
lenguaje del ritual de los banquetes judíos, contexto
en el que tuvo lugar la celebración de la última cena
de Jesús en la que fue instituida la eucaristía.

El Talmud de Jerusalén, fiel intérprete de la tradición judía, permite al padre de familia dirigirse a los

---

1. Justino, *Apología* I, 67, 5.

convidados con una súplica de cortesía diciendo a cada uno: «Toma el pan, *es bendito*»[2]. Esta es una fórmula abreviada, que debe entenderse en el sentido de: «Toma el pan; *sobre él se ha pronunciado la bendición*». De hecho, de acuerdo con la teología judía la materia del convite no es objeto de bendición. Es siempre y solo Dios el que es bendecido «sobre el pan», o sea, a causa del pan, del vino y de todos los demás dones con los que continuamente nos nutre y nos sustenta.

Obviamente, desde la perspectiva de la fe, entre el contexto judío del banquete y la eucaristía cristiana hay un abismo. Allí se trata de pan ordinario y de vino común que, aunque hayan recibido una cierta sacralización a través de la fórmula de bendición pronunciada sobre ellos, continúan siendo elementos comunes del banquete. Aquí, en cambio, en virtud de la plegaria eucarística pronunciada sobre ellos, los elementos del banquete resultan sustancialmente transformados, de manera que –como declara solemnemente Justino– no son ya «un pan común, ni una bebida común», sino «la carne y la sangre del Jesús que se encarnó»[3].

Una vez reconocida la diferencia radical que existe entre los elementos del banquete en el contexto judío y en el contexto cristiano, resulta legítimo pensar que fue precisamente la designación espontánea del cuerpo y la sangre sacramentales como «elementos eucaristizados», es decir, «elementos sobre los cuales se ha pronunciado la acción de gracias» –designación

---

2. *jBerajot* 10.
3. Justino, *Apología* I, 66, 2.

creada por Justino a partir de la fórmula judía «pan bendito», o sea, «pan sobre el que se ha pronunciado la bendición»–, la que fijó el término «eucaristía» como la denominación específica del memorial de la muerte y resurrección del Señor.

La dimensión bíblica de la «acción de gracias»

Continuemos nuestra investigación sobre las palabras. La explicación de Justino, que define la primera parte de la plegaria como «eucaristía», «acción de gracias», encuentra confirmación en todos los formularios eucarísticos. En ellos aparece repetidamente un verbo que se suele traducir por «dar gracias» y que, precisamente debido a esta traducción habitual, se presta a ser comprendido de una manera un tanto superficial.

Para saber qué significa ese *dar gracias*, tenemos que acudir a la lengua siríaca. Esta es una antigua lengua cristiana que, además de estar muy arraigada en el griego del Nuevo Testamento, es lengua semítica, muy cercana al arameo hablado por Jesús y la generación apostólica. Pues bien, en las Plegarias eucarísticas de lengua siríaca, en lugar del verbo griego *eujaristeo* («dar gracias») se usa el semítico *jadah*, el mismo que aparece en el Antiguo Testamento con el significado de *confesar*, o sea, reconocer y afirmar una situación real.

Para comprender el alcance del significado de este verbo bíblico «confesar» basta con fijarse en la narración que encuadra la larga oración penitencial de Nehemías 9, 6-37. Allí se dice que los hijos de Israel «en pie *confesaron públicamente sus pecados* y los de sus antepasados…, estando cada uno de pie en su sitio… *confesaron* [al Señor] y adoraron rostro en tierra al Señor su Dios» (Neh 9, 2-3).

El pueblo de Israel, cuando se presenta delante del Señor, «confiesa» sus pecados, es decir, reconoce la propia debilidad e infidelidad, pero al mismo tiempo «confiesa al Señor», esto es, certifica su fidelidad y su irrenunciable voluntad de salvar.

Este doble sentido del verbo *confesar* pone de manifiesto la profundidad teológica de la Plegaria litúrgica. En el contexto sacral, «confesar, o sea, reconocer la propia infidelidad», significa al mismo tiempo y primordialmente «confesar, es decir, reconocer la superioridad del Dios siempre fiel». No se trata, por tanto, de dos confesiones distintas, ya que sus respectivos contenidos se implican mutuamente.

Si se considera desde el punto de vista cultual, la actitud de la persona que «confiesa» y «se confiesa» no es ni una pura contemplación de la trascendencia divina, ni una contemplación autolesiva de la propia condición pecadora. En el momento en que se decide a confesar sus culpas, el creyente toma conciencia de que el fin último de la confesión no es «su» pecado, sino el Señor, que es el único que puede y quiere restablecerlo en una relación de alianza siempre nueva.

Del «dar gracias» al «confesar»: elementos para una adecuada catequesis

Cuando se recibe un regalo, es señal de buena educación decir: «Gracias». Por eso también nosotros debemos decir a Dios: «Gracias»; y se lo decimos especialmente con la eucaristía, que no sería más que una oración de «agradecimiento».

Si se tratara de un asunto de mera educación, o de gusto, no habría por qué discutirlo; pero el problema es de orden teológico, por lo que conviene analizarlo con atención. Para entender el sentido teológico de la «acción de gracias» eucarística es necesario recorrer un largo camino que, a través de la continua aparición de antiguos verbos cultuales, nos remonte a la teología del Antiguo Testamento, o sea, a las raíces de la fe. Veamos las etapas principales de este camino.

De entrada, el latín *gratias agere* no ha de entenderse según el sentido profano de su etimología inmediata, sino que es preciso remontarse al verbo griego *eujaristein*, del cual es traducción.

Por otra parte, tampoco el *eujaristein* del Nuevo Testamento, de la liturgia y de los escritos patrísticos puede entenderse según la acepción y la etimología habituales del griego profano, que se limita a expresar la noción común de gratitud, agradecimiento. En efecto, el uso cristiano de *eujaristein* pertenece a ese lenguaje religioso y sacral particular que es el griego bíblico. Por este motivo habrá que entenderlo a la luz de la matriz hebrea originaria de la que es traducción.

En este retorno a las fuentes viene en nuestra ayuda el siríaco. La literatura bíblica y litúrgica en esta lengua atestigua como matriz de los verbos griegos y latinos que traducimos por «dar gracias» el verbo hebreo *jadah*, que, según vimos, significa a la vez «confesar la fidelidad de Dios» y «confesar nuestras infidelidades».

Ejemplos de la profundidad de este *dar gracias*, en el sentido de *confesar*, nos los ofrecen las plegarias con las que celebramos cada día la eucaristía. Vamos a leer, en traducción literal del original latino, las palabras que el celebrante dirige a Dios inmediatamente después del *Sanctus* en la Plegaria eucarística IV.

Nosotros te confesamos (*confitemur tibi*), Padre santo,
porque tú eres grande
e hiciste todas las cosas con sabiduría y caridad.
A imagen tuya formaste al hombre
y le encomendaste el cuidado del mundo entero.
Y cuando por su desobediencia
él perdió su dependencia relacional [amistad] de ti,
tú no lo abandonaste en el dominio de la muerte.
Y amaste al mundo hasta tal punto, Padre santo,
que nos enviaste, una vez cumplida la plenitud de los tiempos,
a tu Unigénito como salvador.
Él se encarnó...
tomó parte en las vicisitudes de nuestra condición humana,
menos en el pecado;
anunció el evangelio de salvación a los pobres,
el rescate a los prisioneros,
a los afligidos de corazón la alegría.
Además... se entregó a sí mismo a la muerte,
y, resurgiendo de los muertos,
destruyó la muerte y renovó la vida...

Si la Plegaria eucarística consistiera en un simple «agradecimiento», ¿qué sentido tendría entonces mencionar en ella, junto a los actos de la fidelidad divina, nuestras desobediencias? ¿No resulta un tanto abusivo ese «agradecerlas»?

Leer la Plegaria eucarística desde la tradición ayuda a comprender que su primera parte es confesión de la fidelidad de Dios y confesión de nuestro pecado, confesión de su gracia y confesión de nuestra continua espera de redención. Únicamente sobre la base jurídica de esta humilde y, al mismo tiempo, sublime doble confesión, la voz de la Iglesia orante será capaz de avanzar para pedirle a Dios, en la súplica posterior, que por medio de nuestra comunión del cuerpo sacramental nos transforme en el cuerpo único eclesial.

Sin desmerecer las opciones de los traductores antiguos –también en lingüística la historia es historia–, nos parece que continuar hoy por la pendiente que de «gratias agere» conduce a «agradecer» no haría sino dificultar más aún el acceso a aquella riqueza teológica que el originario verbo semítico *jadah* (confesar) verdaderamente nos ha transmitido y sigue transmitiendo todavía hoy a las Iglesias de lengua siríaca.

La dificultad que representa la expresión «dar gracias» nos lleva a comprender que aquello que a primera vista puede parecer un obstáculo para la comprensión del texto, realmente se convierte para el pastor y el catequista en la ocasión providencial para programar una catequesis fecunda. En cambio, si nos dejamos vencer por la dificultad inmediata, además de empobrecer y aplanar gravemente el lenguaje cultual, perdemos una ocasión preciosa para hacer catequesis.

4

ALABAR A DIOS CON LOS ÁNGELES, CON LOS SANTOS Y CON NUESTROS DIFUNTOS

Después de que, con el diálogo invitatorio, el que preside la celebración ha exhortado a los fieles a «levantar los corazones», es decir, a entrar en la tensión relacional requerida para la celebración de la eucaristía, comienza la gran Plegaria. Al igual que las fórmulas veterotestamentarias y judías, la Plegaria eucarística también se articula en una primera parte de acción de gracias y una segunda de súplica.

La asamblea orante, cuando se dispone a pedir a Dios aquello que necesita, se da cuenta de que, antes de presentar la petición propiamente dicha, debe expresar una alabanza intensa y apasionada a Dios, en la que evoca la historia de la relación, que es historia de la fidelidad de Dios e historia de nuestra propia infidelidad, historia de nuestras caídas e historia de su irrenunciable voluntad de hacer que nos levantemos. Así, con la fortaleza que le inspira este fundamento, la Iglesia en oración podrá entonces formular su súplica confiada.

La acción de gracias comienza con el *Prefacio*, término que hay que entender no como un prólogo o preámbulo, sino como comienzo del discurso orante que la asamblea «proclama delante de» Dios. Lo confirma el verbo original latino *prae-fari*, que significa precisamente «pro-clamar». Para hacernos una idea clara de la dinámica del prefacio, partimos de un texto que nos resulta ya familiar.

EL PREFACIO Y LA INTRODUCCIÓN AL «SANCTUS»

En el Prefacio de la Plegaria eucarística IV, la alabanza comienza de esta forma:

> En verdad es justo darte gracias,
> y deber nuestro glorificarte, Padre santo,
> porque tú eres el único Dios vivo y verdadero
> que existes desde siempre
> y vives para siempre;
> luz sobre toda luz.
> Porque tú solo eres bueno y la fuente de la vida,
> hiciste todas las cosas
> para colmarlas con tus bendiciones
> y alegrar su multitud con la claridad de tu gloria.
> Por eso, innumerables ángeles en tu presencia,
> contemplando la gloria de tu rostro,
> te sirven siempre y te glorifican sin cesar.
> Y con ellos también nosotros, llenos de alegría,
> y por nuestra voz las demás criaturas,
> aclamamos tu nombre cantando:
> Santo, santo, santo es el Señor…

En este Prefacio, que presenta una composición rítmica excelente, predomina el tema de la luz. Esta sintetiza muy bien el misterio de Dios, ya sea que lo consideremos en sí mismo, ya sea –sobre todo– que lo consideremos en relación con nosotros. Dios es alabado porque, aun «habitando una luz inaccesible», ha querido rodearse de criaturas a las que ilumina y alegra constantemente con su esplendor. Entre éstas figuran, en primer lugar, los ángeles, criaturas de luz por excelencia, que aseguran ante el trono de Dios la alabanza perenne.

Veamos ahora otra Plegaria eucarística, sin duda para nosotros menos conocida. Se trata de la Plegaria eucarística redactada por la Conferencia Episcopal de Zaire –hoy el Congo– y aprobada por la Congregación para el Culto Divino hace ya algunos años.

En el Prefacio zaireño, la alabanza de Dios se articula en una serie de atributos divinos de inspiración exquisitamente africana. Entre otros títulos, Dios es presentado como «el sol al que no es posible mirar de hito en hito…, el dueño de la vida, el Señor de todas las cosas». Más adelante es alabado porque ha creado «el cielo y la tierra…, los ríos del mundo, los torrentes, los arroyos, los lagos y todos los peces que en ellos viven»; porque hace existir y da vida a «las estrellas, las aves del cielo, los bosques, las sabanas, las llanuras, las montañas y todos los animales que en ellas viven». Pero Dios Padre es celebrado sobre todo por habernos enviado a su Hijo, para ser «nuestro redentor y nuestro salvador».

Al final también el Prefacio zaireño termina con la introducción ordinaria al *Sanctus*, una introducción que, sin embargo, presenta una importante novedad. La veremos más adelante.

La plegaria judía y la teología del «Sanctus»

El *Sanctus* de la Plegaria eucarística, lo mismo que el diálogo invitatorio, es una herencia bíblico-judía. Para comprender su teología es indispensable, por tanto, remontarse a la liturgia judía, esto es, la liturgia con la que rezaba Jesús y con la que también rezó durante bastante tiempo la generación apostólica.

El uso del *Sanctus* en la liturgia judía está atestiguado en primer lugar por una oración que se recita dos veces al día, cuando el sol aparece en el horizonte y cuando se pone por la tarde. En ella Dios es bendecido en cuanto creador de la luz, del sol, de la luna y de las estrellas. La temática relativa al don de la luz mueve a la comunidad orante a recordar la alabanza tributada a Dios por las innumerables criaturas luminosas que forman la corte de los cielos. Mientras las criaturas astrales alaban a Dios dando luz a la tierra, las criaturas angélicas, con voz personal e inteligente, cantan sin cesar un himno que une el *Sanctus* de los serafines (cf. Is 6, 3) con el *Benedictus* de los querubines (cf. Ez 3, 12). Mediante la proclamación incesante de sus alabanzas (las *laudes*) los ángeles se someten al «yugo del reino de los cielos», es decir, reconocen la superioridad santa de Dios y la dependencia relacional respecto de él.

El himno angélico es recitado también en otra plegaria judía que se pronuncia tres veces al día, o sea, por la mañana, al atardecer (vísperas) y antes del descanso. En ella, dicho himno se presenta como la alabanza única en la que se unen la asamblea terrena y la celestial. La asamblea de aquí abajo, por saberse inadecuada para alabar a Dios como él se merece debido a su condición de existencia fragmentada en el tiempo y en el espacio, se une a la asamblea de arriba, de lo alto, perennemente absorta en la proclamación de la santidad divina.

La Plegaria eucarística y las posteriores aportaciones a la teología del «Sanctus»

El cristianismo, pues, ha heredado de la espiritualidad judía el himno de los ángeles y su rica teología. No es casualidad que una nueva y rica tesela, preciosa para la comprensión plena de la teología del *Sanctus*, nos la ofrezca la *Plegaria eucarística de Santiago*, que es la Plegaria de la antigua Iglesia de Jerusalén, la más próxima, por tanto, a la tradición judía. El Prefacio de esta plegaria termina así:

> Te celebran con himnos los cielos y los cielos de los cielos y todas sus potencias, el sol y la luna y todo el coro de los astros, la tierra, el mar y todo lo que en ellos habita, la Jerusalén celestial, la reunión de los elegidos, la Iglesia de los primogénitos inscritos en los cielos, los espíritus de los justos y de los profetas, las almas de los mártires y de los apóstoles, los ángeles, los arcángeles, los tronos, las dominaciones, los principados, las potestades y los poderes formidables, los querubines de los mil ojos y los serafines de seis alas… que gritan unos a otros, con bocas que no se agotan y con teologías que nunca callan, el himno triunfal de tu magnífica gloria, con voz clara, cantando, voceando, glorificando, gritando y diciendo: Santo, santo, santo…

Además de la mención de la alabanza que tributan a Dios las criaturas cósmicas (sol, luna y todo el coro de los astros, etc.) y las criaturas angélicas (ángeles, arcángeles, etc.), se menciona aquí la Jerusalén celestial. Con esta expresión tan sugerente se designa a todos aquellos que, después de haber alternado aquí abajo la alabanza con las mil ocupaciones y preocupaciones de la vida diaria, no tienen otra cosa que hacer allá arriba, en lo alto, que cantar –o mejor, gritar hasta desgañitarse, como sugieren las liturgias orientales– «con bocas que no se agotan y con teologías que nunca callan», el himno de la sumisión de las criaturas a Dios. De esta forma nuestra momentánea y débil alabanza asume todo el vigor de su alabanza perenne.

En esta línea se ha situado la Plegaria eucarística del Zaire, que introduce el *Sanctus* con los siguientes términos:

> Por esto, con todos los ángeles, con todos los santos, con todos los difuntos que están junto a ti, nosotros cantamos: Santo, Santo, Santo…

Aunque en la introducción al *Sanctus* de la Plegaria eucarística de Santiago los difuntos estaban ya incluidos en la mención de la Jerusalén celestial, hemos de reconocer que su presencia no se había explicitado con su nombre propio y específico, el de «los difuntos». Es mérito de la liturgia zaireña el haberlos incorporado precisamente en cuanto difuntos. No sabemos si los liturgistas zaireños se inspirarían en la liturgia de Santiago. Acaso se dejaran guiar simplemente por la profunda y sublime veneración que el hombre africano tiene por sus antepasados. En cualquier caso reconocemos que han enriquecido la formulación de la fe cristiana enlazando así, por otra parte, con la antigua tradición litúrgica.

El «Sanctus», o los difuntos a plena voz

También nosotros, como nuestros hermanos mayores hebreos, al disponernos a cantar el Sanctus nos damos cuenta inmediatamente de la enorme debilidad de nuestra alabanza. En efecto, no podemos pasarnos el día entero alabando a Dios en la Iglesia. Son muchísimas las obligaciones familiares, laborales, de descanso y otras que debemos atender. Por eso, cuando a todo ello se añade el tiempo de la alabanza cultual, apelamos a la asamblea de allá arriba para que dé fuerza a nuestra débil voz y sostenga nuestra alabanza.

En esa asamblea de arriba encontramos en primer lugar a la «Toda Santa». La conocemos bien: su rostro nos es familiar y su voz sublime recoge y sintetiza todas las voces de las criaturas. En segundo lugar encontramos a aquellos que son, por así decirlo, los especialistas del *Sanctus*, los ángeles, subdivididos en los nueve coros. En tercer lugar vemos a la Jerusalén celestial, esto es, la asamblea conjunta de los santos solemnemente canonizados por la Iglesia y de los santos canonizados simplemente por nuestro afecto.

En el orden de los santos con aureola distinguimos a aquellos a los que tenemos especial afecto, de los que somos especialmente devotos personal o comunitariamente. En el orden de los difuntos, los santos sin aureola, tenemos tanto los que están ya en el paraíso como las almas que se alojan provisionalmente en ese «barrio del paraíso» que llamamos purgatorio.

Aunque solemos hablar del fuego del purgatorio, no debemos imaginarnos que los que se hallan en esa condición, para nosotros totalmente misteriosa, pasan su tiempo gimiendo y lamentándose como si estuvieran condenados hasta el final. Por el contrario, las almas del purgatorio viven todo el tiempo de su purificación cantando también el *Sanctus*, en compañía de los ángeles y de los que ya están gozando de la plena visión beatífica.

Mediante el canto del *Sanctus* la liturgia eucarística invita a dirigir una mirada confiada especialmente a nuestros difuntos, que en ese momento se encuentran en una posición privilegiada respecto a nosotros. Los contemplamos e identificamos inmediatamente entre millares y millares de rostros, ya que tienen nuestro mismo rostro y actualmente anticipan ya en su persona nuestra propia eternidad. Mientras vivían entre nosotros su vida discurría en todo semejante a la nuestra, entre anhelos, preocupaciones y fatigas. Después, los domingos –por lo demás, sólo los domingos– encontraban un tiempo para participar en la iglesia en la liturgia de alabanza.

Una vez que la escena de este mundo ha pasado para ellos, los conocemos con una palabra latina totalmente adecuada, *defuncti* (*de-fungor*, des-empeñar), porque ya han escrito su página y han resuelto todas las tareas que la vida les había encomendado. Ahora ya no tienen nada más que hacer que ocuparse en la alabanza del Santo, de la mañana a la noche y de la noche a la mañana. Se han convertido en especialistas de la alabanza divina. Por eso nos unimos a su voz segura, para que refuerce nuestro débil canto, sincero, sí, pero todavía marcado por las inevitables condiciones de tiempo y espacio.

La teología del *Sanctus* ofrece posibilidades pastorales inmediatas. Cuando perdemos a una persona querida, el corazón de los familiares y amigos queda herido, su vida destruida. A veces oímos decir: «Voy al cementerio, para estar cerca de mis seres queridos». Cuando no sabemos qué decir a las personas afectadas por un luto reciente, confiamos la respuesta a la voz autorizada de la Iglesia en oración. Ella nos dice: «Está bien que vayas al cementerio para dar salida a tu dolor. Pero no olvides que el lugar donde encuentras más cercanos a aquellos que han sido arrebatados a tu cariño no es el cementerio, sino la celebración de la eucaristía. Cuando te dispongas a cantar el *Sanctus*, ¡alza tu mirada a lo alto! En la asamblea de arriba verás claramente, por ejemplo, a tu mujer, que se ha convertido en especialista de la alabanza. Allí verás, por ejemplo, a tu hijo que, dotado ahora de una voz poderosa, puede dar aliento a tu exiguo hilo de voz». Esta es auténtica teología. Esta es la verdadera pastoral litúrgica.

Con el *Sanctus*, que nos pone en sintonía con la Jerusalén celeste, nuestras voces se funden y se confunden con un coro inmenso que canta las grandezas de Dios. Por eso decimos que el *Sanctus* es un himno teológico, o mejor, que es en sí mismo teología. Es el modo más elevado con el que la criatura, en el momento en que toma conciencia de su propia condición relacional, habla de Dios; y solo puede hablar de él adecuadamente «declarándolo santo».

El estudio de la Plegaria eucarística nos invita a cuidar con esmero la proclamación del *Sanctus* y a no caer en la tentación de mascullarlo mecánicamente. Hacen bien las comunidades que se han acostumbrado a celebrarlo con el canto.

5

IR A DIOS CON LAS MANOS
LLENAS DE HISTORIA

Las sociedades humanas pueden compararse a los árboles de un bosque, que admiramos con sus troncos robustos, sus exuberantes ramas y su follaje rebosante de savia. Pero el árbol no es solo eso que emerge del suelo; existe y vive, también y sobre todo, en las raíces escondidas, es decir, a partir de aquello que se hunde en la tierra. Las raíces, como es sabido, son esenciales para la vida de la planta. Aplicando la metáfora: si el tronco del árbol representa el presente de una sociedad, si las ramas y las hojas frondosas son promesa de futuro, las raíces por su parte representan el pasado. Pero el pasado de una colectividad no se presenta nunca y solo como un tiempo inexorablemente ya pasado, sino que es constitutivo de un presente cargado de esperanza.

Es verdad, sin embargo, que la sociedad moderna, sobre todo la occidental, se parece más bien a un árbol con un tronco robusto, ramas vigorosas, el follaje suntuoso, pero de raíces cada vez más endebles, que apenas consiguen penetrar en las profundidades del suelo. Obligados a vivir para el momento presente, a vivir solo en el presente, *hoy estamos todos un poco tocados de una presencialidad excesiva.* Esto explica lo frágil que es nuestra existencia personal y comunitaria, cuán inestable nuestro equilibrio psicológico y cuán pobre nuestra vida de fe. La fortaleza del tronco contrasta realmente con la exigua percepción de nuestras raíces.

Esta situación de malestar se puede percibir también en no pocos formularios litúrgicos compuestos recientemente, en los que *la dinámica oracional está toda ella polarizada sobre el presente* sin apenas referencia al pasado. Así, el Prefacio primero de los apóstoles dice:

> En verdad es justo y necesario,
> es nuestro deber y salvación
> darte gracias siempre y en todo lugar,
> Señor, Padre santo, Dios todopoderoso,
> Pastor eterno.
> Porque no abandonas nunca a tu rebaño,
> sino que por medio de los santos apóstoles
> lo proteges y conservas,
> y quieres que tenga siempre por guía
> la palabra de aquellos mismos pastores
> a quienes tu Hijo dio la misión
> de anunciar el evangelio.
> Por este don de tu benevolencia
> con los ángeles y arcángeles
> y con todos los coros celestiales
> cantamos sin cesar el himno de tu gloria…

No oraban así las asambleas litúrgicas del Antiguo Testamento ni las de los primeros siglos cristianos.

La profundidad histórica en las oraciones del Antiguo Testamento

Si nos fijamos en los formularios veterotestamentarios, notamos que se articulan constantemente en una *sección de alabanza* y una *sección de súplica*. La sección de alabanza, que constituye la primera parte de la plegaria, se asienta siempre sobre la base histórica, y ésta constituye el «fundamento lógico y teológico» para pedir a Dios una nueva intervención, actual, puntual, en esa historia que tenemos en común con él. La historia presente –la nuestra y la de Dios– se carga de novedad salvífica solo si se sitúa en relación con la historia pasada, la de Dios y la nuestra.

Un ejemplo bien significativo de la percepción, por parte de una comunidad cultual, del propio *enraizamiento en la historia* nos lo ofrece la ya mencionada confesión de los pecados en Nehemías 9, 6-37. Cuando el pueblo de Israel en el exilio entra en sí mismo y toma conciencia de su pecado, no se limita a una petición de perdón apresurada y desnuda, sino que siente la exigencia de dirigir a Dios un verdadero y propio discurso de alianza.

La comunidad orante, que habla a Dios por boca de su presidente, recorre con detalle las variadas vicisitudes de la relación, comenzando por la elección de Abrahán (cf. Neh 9, 7-8). Ahí se percibe la dimensión histórica de la alabanza, ritmada por verbos que, si se quiere traducirlos bien, tienen que ser puestos en pretérito perfecto simple: «Viste la aflicción de nuestros antepasados en Egipto y escuchaste su clamor junto al mar Rojo. Hiciste milagros y prodigios contra el Faraón... Tú dividiste el mar delante de ellos... Con columna de fuego los guiaste... Bajaste al Monte Sinaí...» (Neh 9, 9-13).

A continuación, junto a la proclamación de la fidelidad divina se añade la historia de las repetidas infidelidades de los hijos de Israel, que «fueron soberbios y desoyeron tercamente tus mandatos, no quisieron oír, se olvidaron de las maravillas que tú hiciste en su favor..., se hicieron un becerro de metal fundido» (Neh 9, 16-17). Dios, que durante un tiempo ha tenido paciencia, finalmente decide adoptar la pedagogía del castigo medicinal, el cual produce el efecto esperado, devolviendo una y otra vez a Israel al camino justo (cf. Neh 9, 27-31).

Con la proclamación cultual de esta doble historia misteriosamente entrelazada, la comunidad orante ha preparado la base sobre la que construir su propia petición. A primera vista el contenido de tal súplica podrá parecer poco consistente o al menos sorprendentemente modesto: se limita a pedir a Dios que la prueba debida al presente castigo «no [la] tengas en poco» (Neh 9, 32). Pero si consideramos la súplica a la luz de la estructura de la alianza, según la cual *la proclamación sacral (cultual) de la historia pasada fundamenta jurídicamente la petición*, entonces reconocemos en esta última el grito imperioso del vasallo. Éste, basándose en la relación entre la historia de la fidelidad de Dios y la historia de su tribulación actual, *humildemente induce* a su Señor a intervenir para reintegrarlo en la relación y darle de nuevo la tierra.

LA PROFUNDIDAD HISTÓRICA EN UNA PLEGARIA EUCA-
RÍSTICA ORIENTAL

Para formarnos una idea de la percepción que las asambleas de los primeros siglos cristianos tenían de su propia implicación en la historia salvífica, detengámonos en la anáfora que nos transmiten *Las Constituciones Apostólicas*, una fórmula que constituye el fundamento de buena parte de las Plegarias eucarísticas orientales. En su interminable Prefacio, Dios es alabado ante todo en sí mismo mediante el uso de atributos como «el único no engendrado», «el conocimiento sin principio», «la visión perenne», etc. A continuación es alabado por la generación eterna del Hijo, quien a su vez es exaltado a base de expresiones bíblicas: «Hijo unigénito, Verbo de Dios» (cf. Jn 1, 1.18), «el primogénito de toda criatura» (Col 1, 15), «ángel del gran consejo» (Is 9, 5), «aquel que existe antes que todas las cosas y en el que fueron creadas todas las cosas» (cf. Col 1, 16-17; 1 Cor 8, 6).

Como tercer motivo de la alabanza figura la creación de los ejércitos angélicos, enumerados en sus diversos órdenes. Después de esto se hace una amplia enumeración de la creación de «este mundo visible» y, finalmente, de la creación del hombre, deteniéndose en las vicisitudes de la relación primordial. Nos detendremos en esta.

Mediante el recurso a un juego de palabras entre las diferentes acepciones del término griego *kosmos* –que significa «mundo», pero también «orden», «ornamento»–, el hombre es presentado como el «mundo del mundo», o sea, el «ornamento del orden». Se le recuerda a Dios que el hombre fue proyectado por él y creado a su imagen y semejanza. Se evoca después en detalle la narración de Génesis 2–3. Lo hace en estos términos:

> Tú, Dios omnipotente, por medio de Cristo, plantaste un jardín en Edén, a oriente, y lo colocaste en él... y le diste poder sobre todas las cosas; pero le prohibiste probar una sola cosa...
>
> Y cuando hubo desobedecido el mandato y gustado del fruto prohibido por el engaño de la serpiente y el consejo de la mujer, lo arrojaste justamente del jardín; pero en tu infinita bondad no despreciaste de manera definitiva a aquel que perecía –pues era obra tuya–, sino que tú, que le habías sometido la creación entera, le diste el modo de procurarse el alimento con sus sudores y fatigas, mientras tú hacías germinar y crecer y madurar todas las cosas.
>
> Y después de haberle inducido un sueño durante algún tiempo, con juramento lo llamaste a la regeneración, y habiendo destruido el límite de la muerte, le anunciaste la vida como consecuencia de la resurrección.

Hemos notado cómo aquí la relectura del castigo es extraordinariamente serena, mucho más serena y optimista de lo que ya resulta el texto bíblico en sí. Se afirma que, si fue la lógica de la alianza la que exigió el alejamiento del espacio relacional de aquel que se había excluido a sí mismo, sin embargo Dios no lo rechazó de manera definitiva. De hecho, a la condena del hombre a procurarse el alimento «con sus sudores y fatigas» responde la laboriosidad de Dios que hace que todo germine, crezca y madure.

Lo mismo hay que decir de la muerte física, comparada aquí con un sueño, mejor aún, con un breve sueño. Por haber transgredido el mandato, al hombre, como castigo, como a un muchacho travieso (cf. Rom 5, 19), se le pone a dormir «durante un breve tiempo». Pero en el momento mismo en que Dios maternalmente lo hace acostarse en la cama –es decir, lo hace descansar en la tumba–, le garantiza con un juramento que lo despertará pronto. Precisamente cuando la muerte parece tomar posesión definitiva de la condición humana, en ese mismo momento son destruidos los «límites» de su propiedad y se frustra su poder, porque sobre Adán brilla ya el día de la resurrección de Jesucristo.

Una vez recordada la historia de Adán, la comunidad, que ora por medio de su presidente, evoca la historia de sus descendientes. La enumeración de personajes del Antiguo Testamento comienza con Abrahán y, con toda intención, termina en «Josué/Jesús». La homonimia –el griego *Iesoûs* significa tanto «Jesús» como «Josué»– desempeña un papel evocador, acercando la figura del Josué veterotestamentario, que cierra la proclamación del Prefacio, a la figura del Jesús neotestamentario, que constituye, a su vez, el objeto único del desarrollo que tiene lugar después del *Sanctus*. Pues si Josué es el «guía», Jesús es presentado como el «guía supremo».

En este momento se coloca el *Sanctus*. Con él –de acuerdo con la teología que hemos expuesto en el capítulo anterior– la asamblea de «aquí abajo», o sea, la Iglesia que celebra la eucaristía, se une a la asamblea de «allá arriba», la de los ángeles y la Jerusalén celestial. Después de la aclamación, el discurso celebrativo continúa con un elemento oracional que insiste sobre la noción de «santidad» y que se suele denominar «*post-Sanctus*».

Así continúa el *post-Sanctus* de esta larga Plegaria:

Santo eres en verdad... Santo es también tu Hijo unigénito, el Señor y Dios nuestro Jesucristo, el cual, sirviéndote en todo a Ti, su Dios y Padre, en la multiforme creación y en la adecuada providencia, no despreció al género humano que estaba llamado a perecer, sino que ... acogió complacido tu decisión de que el creador del hombre se hiciera hombre, que el legislador se sometiera a la ley ... y que Tú, su Dios y Padre, te congraciaras con ellos, y te reconcilió con el mundo y liberó a todos de la ira que amenazaba: nacido de una virgen, nacido de la carne ... nacido del germen de David y de Abrahán, de la tribu de Judá...

Vivió como ciudadano fiel y enseñó conforme a las leyes, arrojó de los hombres toda enfermedad y toda dolencia, hizo signos y prodigios en medio del pueblo, tomó alimento y bebida y sueño...

Y una vez cumplido todo esto... fue entregado al gobernador Pilato, el juez fue juzgado, el salvador fue condenado, el que es impasible fue clavado en la cruz, el que es inmortal por naturaleza murió, el que hace vivir fue sepultado, para librar de la pasión y arrebatar de la muerte a aquellos por los que había venido, y para romper las cadenas del diablo y sacar a los hombres de su engaño.

Y resucitó de entre los muertos al tercer día y después de haberse encontrado durante cuarenta días con los discípulos, fue ascendido a los cielos y se sentó a la derecha de Ti, su Dios y Padre...

Todo esto que la Iglesia en oración cuenta a Dios Padre, el Padre ciertamente lo sabe, y sin embargo ella siente la necesidad de decírselo de nuevo, de decírselo siempre que celebra la eucaristía. Mediante la proclamación cultual de su historia y de la nuestra, esto es, de esa historia que se ha entrelazado definitivamente, entrecruzándose en la persona del Hijo, la asamblea orante no hace sino invocar la base jurídica que le permitirá formular su humilde y legítima petición.

¿Cuál es entonces esa petición? Aunque trataremos este aspecto en el próximo capítulo, anticipamos aquí que la súplica fundamental de toda Plegaria eucarística se refiere a nuestra transformación escatológica «en un solo cuerpo», es decir, en el «cuerpo eclesial». Pues bien, para acreditar al máximo tal petición, la Iglesia orante inserta en su plegaria, a modo de corona de las maravillosas obras que Dios nunca se cansa de realizar por nosotros, la conmemoración de la institución del «cuerpo sacramental», y lo hace precisamente mediante la narración de esa institución, a la que con toda justicia solemos llamar «consagración».

Dimensión histórica de la Plegaria eucarística IV

A la luz de estas consideraciones, nos será fácil saborear esa parte que, en la Plegaria eucarística IV, sigue inmediatamente al *Sanctus*. Podemos releerla en una traducción literal a partir del texto latino:

Te confesamos, Padre santo, porque eres grande
y con sabiduría y caridad hiciste todas tus obras.
Formaste al hombre a tu imagen

y le encomendaste el cuidado del mundo entero,
para que, sirviéndote solo a ti, el Creador,
dominara sobre todas las criaturas.
Y cuando, por no obedecerte, perdió tu amistad,
tú no lo dejaste en el dominio de la muerte.
De hecho viniste misericordiosamente en ayuda de todos
para que los que te buscaran te pudiesen encontrar.
Además, brindaste muchas veces alianzas a los hombres
y los instruiste por profetas para que esperaran
    la salvación.
Y hasta tal punto, Padre santo, amaste al mundo
que, cumplida la plenitud de los tiempos,
nos enviaste a tu Unigénito como Salvador.
El cual, encarnándose por obra del Espíritu Santo
y naciendo de María Virgen,
compartió la forma de nuestra condición
en todo menos en el pecado;
anunció la buena noticia de la salvación a los pobres,
del rescate a los cautivos,
de la alegría a los afligidos de corazón.
Más aún, para consumar tu disposición
se entregó a sí mismo a la muerte,
y, resucitando de los muertos,
destruyó la muerte y renovó la vida.
Y para que no viviéramos ya más para nosotros mismos,
sino para él, que por nosotros murió y resucitó,
envió desde ti, Padre, al Espíritu Santo,
primicia para los creyentes,
para que, perfeccionando su obra en el mundo,
completara toda santificación.

La profundidad histórico-salvífica de este *post-Sanctus* es realmente magnífica. En efecto, después del recuerdo de la aventura de Adán se recuerda, en primer lugar, la historia del Antiguo Testamento y, después, la del Nuevo Testamento. Esta última recorre los momentos fundamentales de la cristología histórica, desde la encarnación hasta Pentecostés, es decir, el envío histórico del Espíritu de santificación. Lógicamente hemos privilegiado en nuestra traducción el uso de los verbos en el pretérito perfecto simple para poner mejor de relieve el sentido de la confesión de las acciones de Dios y de Cristo en la historia.

UNA PREGUNTA

Para terminar, voy a plantear una pregunta: ¿Cómo me siento cuando el presbítero emplea la Plegaria eucarística IV en la celebración de la misa? ¿Predominan los sentimientos de alegría al recordar mis raíces históricas –las mías en cuanto individuo y en cuanto miembro de la comunidad–, o más bien son sentimientos de fastidio porque me parece una Plegaria demasiado larga?

Que cada uno responda sinceramente en lo íntimo de su corazón.

6

CELEBRAR LA EUCARISTÍA
PARA CONSTRUIR LA IGLESIA

En nuestras tres últimas reflexiones sobre la teología de la Plegaria eucarística nos hemos fijado en la «sección de la acción de gracias», es decir, los *tres primeros elementos* de las Plegarias eucarísticas romanas. Primero hemos analizado la teología del Prefacio partiendo de la expresión «dar gracias», que a la luz de la tradición se entiende como confesión de la fidelidad de Dios y de nuestras infidelidades. Después hemos visto que por medio del canto del *Sanctus*, el himno por excelencia de toda la celebración eucarística, nuestra asamblea de aquí abajo se une a la asamblea festiva de los ángeles, de los santos y de nuestros difuntos. Finalmente nos hemos detenido en la tercera articulación, técnicamente llamada *post-Sanctus*, o continuación de la alabanza. Este elemento, especialmente acentuado en la Plegaria eucarística IV, nos ha hecho redescubrir la dimensión propiamente histórica de la plegaria litúrgica.

Sobre la base de la alabanza divina, cuya amplitud depende del desarrollo temático de cada una de las

Plegarias eucarísticas, se pasa ahora –refiriéndonos siempre, claro está, a las de rito romano– a la *sección de la súplica*. Esta sección se articula en una serie de elementos internos que examinaremos unidos, porque solo en una lectura conjunta es posible comprender el dinamismo de la Plegaria eucarística.

Elementos de la Plegaria eucarística

1. Prefacio
2. *Sanctus*
3. *Post-Sanctus*
4. Primera epíclesis (para la transformación de las ofrendas)
5. Narración de la institución
6. Anámnesis (ofrenda del memorial)
7. Segunda epíclesis (para la transformación escatológica de los participantes)
8. Intercesiones
9. Doxología final

UNA MIRADA PANORÁMICA SOBRE LAS ARTICULACIONES DE LA SÚPLICA

El *cuarto elemento* estructural de las Plegarias eucarísticas romanas es la *primera epíclesis*, denominada «epíclesis para la transformación de las ofrendas». En la Plegaria eucarística II esta epíclesis, en una traducción literal del original latino, suena así:

> Por eso te rogamos:
> santifica estos dones
> con el rocío de tu Espíritu
> para que sean hechos *para nosotros*
> el cuerpo y la sangre del Señor nuestro Jesucristo.

Esta súplica, que compromete al poder divino para que realice la transustanciación, introduce a su vez *el quinto elemento*, a saber, *la narración de la institución*, con la que forma una unidad precisamente en vistas a la transustanciación. Hay que subrayar a este respecto que la transustanciación, pedida y efectuada conjuntamente por la epíclesis y por las palabras de la institución, es «para nosotros», o sea, está ordenada dinámicamente a la asamblea cultual que se ha reunido en vistas a la comunión.

En consonancia con toda la tradición cristiana reconocemos que la consagración es el corazón de la Plegaria eucarística. Pero la misma tradición, a la luz del magisterio de la liturgia, nos invita a redescubrir hoy la imprescindible interacción mutua entre ese corazón, que encierra el misterio de la presencia real permanente, y todos los demás elementos de la Plegaria eucarística. Así como en el organismo vivo el corazón no puede ser aislado del conjunto de los demás órganos, así tampoco en la Plegaria eucarística puede confinarse la consagración en un áureo aislamiento.

En este momento, según una costumbre que la liturgia romana ha recogido recientemente de las liturgias orientales, la asamblea interviene con una aclamación dirigida a Cristo. Unida íntimamente a la anámnesis, hasta el punto de que debe ser asimilada a ella, la *aclamación anamnética* es introducida por la monición: «Este es el misterio de la fe». Con la aclamación correspondiente los fieles no hacen más que anticipar lo que el celebrante va a decir a continuación. En este sentido, es óptima la respuesta que se expresa en la primera fórmula, ateniéndonos también aquí al original latino: «Anunciamos tu muerte, Señor, proclamamos tu resurrección, mientras esperamos tu venida».

La *anámnesis*, es decir, la ofrenda del memorial eucarístico, constituye el *sexto elemento* estructural. La Plegaria eucarística II la formula así: «Así pues, Padre, al celebrar ahora el memorial de la muerte y resurrección de tu Hijo, te ofrecemos el pan de vida y el cáliz de salvación, y te damos gracias porque nos haces dignos de servirte en tu presencia».

Con la anámnesis la Iglesia en oración se adhiere al mandato de Jesús: «Haced esto [el signo del pan y del cáliz] en memoria de mí [muerto y resucitado]». En primer lugar, mediante la «declaración anamnética» («al celebrar el memorial...») le hace presente a Dios Padre que está haciendo el memorial de la muerte y resurrección del Señor; después, con la «declaración sobre las ofrendas» («te ofrecemos...»), ofrece al Padre el pan y el cáliz eucarísticos, o sea, el memorial de la nueva alianza.

Memorial y ofrenda son las dos dimensiones propias e imprescindibles de cualquier «anámnesis». La ofrenda sacramental del cuerpo y la sangre del Señor constituye para la comunidad cultual la prenda de su oración, y esta misma prenda es la que la autoriza a formular, con el elemento sucesivo, la súplica primera y última de toda la celebración eucarística.

Como *séptimo elemento*, pues, se incorpora la *epíclesis para la transformación escatológica de los participantes*. Así leemos en la Plegaria eucarística II: «Te pedimos humildemente que el Espíritu Santo congregue en la unidad a cuantos participamos del Cuerpo y Sangre de Cristo».

Sirviéndonos de una feliz intuición del teólogo medieval Tomás Netter de Walden († 1430), que presenta a la Iglesia como el «cuerpo místico de Cristo en el cual se transustancia cada cristiano por medio de la recepción de la eucaristía», podemos describir esta segunda epíclesis como súplica por nuestra «transustanciación en el cuerpo eclesial», gracias precisamente a nuestra comunión del cuerpo sacramental. De la anterior sustancia de dispersión, debida a nuestra fragilidad y a nuestros egoísmos, nos convertimos en sustancia de la reunión escatológica, es decir, miembros armónicamente inseridos en Cristo, «cabeza del cuerpo que es la Iglesia» (Col 1, 18). Al calificar como escatológica la «transustanciación» aquí pedida, queremos subrayar que nuestra inserción en el proceso de crecimiento eclesial se realiza según los ritmos de una transformación «ya» realizada y «todavía no» perfectamente consumada, que sucede precisamente al ritmo de nuestras eucaristías.

Una vez que con la epíclesis sobre los participantes la asamblea reunida ha formulado la petición de la transformación «en un solo cuerpo», con el *octavo elemento*, a saber, *las intercesiones*, esta misma petición se amplía a todas las otras porciones de la Iglesia que en el momento de la celebración no están físicamente presentes. De su teología hablaremos en el próximo capítulo.

Finalmente viene el *noveno elemento*, la *doxología final* o conclusión laudatoria, que en todas las Plegarias eucarísticas romanas dice así: «Por Él (Cristo), con Él y en Él (*per ipsum, et cum ipso, et in ipso*), a Ti, Dios Padre omnipotente, en la unidad del Espíritu Santo, todo honor y toda gloria por los siglos de los siglos». Este párrafo está construido en un *crescendo* escatológico semejante al de la última intercesión, caracterizada por una gran tensión hacia el reino último, en el cual pedimos a Dios que nos introduzca para poder glorificarlo siempre, sin fin. Entendida en este sentido, la doxología se configura como un retorno al tema de la alabanza inicial comenzada en el Prefacio.

La edificación del cuerpo místico al ritmo de nuestras eucaristías

Hemos visto que en las Plegarias eucarísticas del rito romano las palabras del relato de la institución y de la anámnesis se hallan encuadradas por las dos epíclesis. La *epíclesis sobre las ofrendas* pide a Dios Padre que envíe el Espíritu Santo para que transforme el pan y el vino en el cuerpo y la sangre del Señor Jesús, y la *epíclesis sobre los participantes* pide, para quien se dispone a comulgar, la transformación en un solo cuerpo. Las dos peticiones no son independientes, sino que más bien constituyen de hecho una única y misma súplica.

La percepción de la unidad de las dos epíclesis resulta mucho más fácil en las *liturgias orientales*. En efecto, en todas las Plegarias eucarísticas orientales la epíclesis sobre las ofrendas está colocada después de la narración de la institución y de la anámnesis, inme-

diatamente antes de la epíclesis sobre los que participantes. La petición que resulta de ello se formula así:

> Envía tu santo Espíritu sobre este pan y este vino,
> *para que* transforme el pan en el cuerpo y el vino en
> la sangre de tu Cristo, *a fin de que* nosotros que lo
> recibimos seamos transformados en un solo cuerpo.

Con esta disposición las dos epíclesis están íntimamente unidas, aunque permanecen perfectamente
identificables, puesto que primero está la epíclesis sobre las ofrendas y después la epíclesis sobre los participantes.

En algunas Anáforas orientales las dos epíclesis están mezcladas, de modo que resultan inseparables en
el plano literario-teológico. El ejemplo típico de dicha
disposición entrecruzada lo ofrece la Anáfora de san
Basilio. Al esquematizar la formulación, obtenemos un
significativo quiasmo literario-teológico:

> Envía tu Espíritu sobre *nosotros*
> y sobre estos *dones*,
> *para que* transformes los *dones*
> en el cuerpo sacramental
> *a fin de que*, comulgándolo,
> seamos transformados *nosotros*
> en un solo cuerpo, o sea, en el cuerpo eclesial.

Las ventajas de esta disposición quiástica son muchas. Ante todo, recoge y resume la implicación ope-
rativa de las personas divinas. La petición se dirige a
Dios Padre: a él es a quien alaba y confiesa la comunidad reunida; a él le da gracias por la creación y la
redención; a él le suplica que envíe su Espíritu sobre

nosotros para que comulgando el «cuerpo sacramental de Cristo» seamos transformados en el «cuerpo místico de Cristo».

De esta manera se señala ya el papel específico del Espíritu Santo. En la acción eucarística todo es actuado por medio del Espíritu Santo. De hecho, es el Espíritu el que, por así decir, se arremanga para garantizar a Dios Padre y a la Iglesia en oración el fin que de común acuerdo uno y otra se habían fijado, a saber, la interacción dinámica de los dos cuerpos de Cristo.

Además la disposición quiástica expresa la doble acción conjunta del Espíritu Santo sobre el cuerpo sacramental y sobre el cuerpo eclesial, refiriendo la transustanciación de las ofrendas en el cuerpo sacramental –es decir, la presencia real– a su constitutiva e imprescindible referencia a nosotros, o sea, la «transustanciación» de nosotros en el cuerpo eclesial. La configuración quiástica precisa que toda la acción eucarística converge de hecho sobre la Iglesia, esto es, sobre aquel cuerpo que se construye al ritmo de nuestras eucaristías. En cierto sentido podemos decir que, propiamente hablando, el término último de la celebración eucarística no es el «Cristo sacramental»; el término último y el fin propio de la acción eucarística es el «Cristo eclesial», es decir, la edificación de la Iglesia.

Las dos *epíclesis*, pues, son inseparables. Si queremos distinguirlas lógicamente, hemos de reconocer que la más importante, aquella a la que se ordena la otra, es la petición por nuestra transformación en el cuerpo eclesial. Ahora bien, para garantizar al máximo sus posibilidades, esa petición –o, si preferimos, la doble epíclesis entrecruzada– va a buscar en el archivo de la Palabra de Dios el lugar teológico escriturístico propio, y lo halla en la *narración de la institución* del cuerpo «que va a ser entregado». Naturalmente la narración de la institución no está nunca sola. Va siempre ligada a la sucesiva *anámnesis*, y en algunas Plegarias eucarísticas se ve encuadrada por ella. Digamos por tanto que el bloque narración + anámnesis interviene para dar a la doble epíclesis el máximo fundamento jurídico posible.

¿POR QUÉ COMULGAMOS?

A la pregunta de por qué celebramos la eucaristía y para quién la celebramos responde, por ejemplo, la Anáfora de san Juan Crisóstomo, diciendo que celebramos la eucaristía «para la templanza del alma, para la remisión de los pecados, para la comunión que se realiza por obra del Espíritu Santo, para el cumplimiento del reino escatológico, para la libertad de dirigirnos a ti y hablar contigo». Verdaderamente hermoso este elenco de efectos de la comunión sacramental que pedimos a Dios Padre. Si queremos compendiarlos en una fórmula sintética, tenemos que decir –como sugiere la recensión alejandrina de la Anáfora de san Basilio– que celebramos la eucaristía para obtener del Padre la transformación *en un solo cuerpo*, o sea, en el cuerpo eclesial, escatológico, místico. La misma transustanciación de las ofrendas se requiere precisamente para este fin. Hay que repetirlo una vez más: la celebración de la eucaristía es «para nosotros».

En otras palabras: la presencia real no se nos ha dado solo para que podamos adorar a Cristo bajo las especies eucarísticas; la comunión no se nos da principalmente para que podamos encontrar y recibir en el corazón al amigo Jesús, y gozar por algunos instantes de su ferviente y tierna compañía. El Señor no ha instituido la eucaristía en función de nuestros ojos que la contemplan. La ha instituido en función de nuestras bocas, que se nutren de ella. La ha instituido para que la comamos. Tal es la enseñanza auténtica de la epíclesis eucarística, concebida conjuntamente como súplica por la transformación de las ofrendas y súplica por nuestra transformación escatológica.

Hemos usado a menudo el término *epíclesis*, que significa «súplica, petición, demanda». También *anámnesis*, que indica «memorial, memoria». Si nos familiarizamos con esta terminología técnica, haremos nuestras las exuberantes riquezas de aquella Plegaria con que la Iglesia hace desde siempre la eucaristía.

Hoy es urgente que la Iglesia, según una imagen repetida por Juan Pablo II, vuelva a «respirar con sus dos pulmones», las tradiciones litúrgicas de Oriente y de Occidente. La atención cada vez mayor que la Iglesia latina presta a la epíclesis –además, a la epíclesis pneumatológica, la que pide expresamente el envío del Espíritu Santo– en la formulación de las nuevas plegarias eucarísticas, ha demostrado que los tiempos están ya maduros para que se lleve a cabo esa recuperación de la comprensión global y dinámica de la eucaristía que en adelante no puede ser desatendida.

7

DE LA LITURGIA
A LA VIDA

En el capítulo anterior hemos enumerado los diversos elementos de la Plegaria eucarística y nos hemos fijado en las articulaciones de la súplica. Hemos mostrado que en las Plegarias eucarísticas del rito romano, el bloque constituido por la narración de la institución y la anámnesis sucesiva se halla como enmarcado por las dos *epíclesis*.

Estas forman, en realidad, una única gran súplica con la que la asamblea, por boca de su presidente, ruega al Padre que envíe el Espíritu Santo sobre el pan y el vino, para que los transforme en el cuerpo sacramental (epíclesis sobre las ofrendas), con el fin de que los participantes sean a su vez transformados «en un solo cuerpo», el cuerpo eclesial (epíclesis sobre los participantes).

Estas dos epíclesis constituyen una súplica teológicamente densa, que explicita el porqué y el para qué de nuestras celebraciones eucarísticas y de nuestras comuniones.

LAS INTERCESIONES COMO PROLONGACIÓN DE LA EPÍ-
CLESIS SOBRE LOS PARTICIPANTES

Después de que la asamblea reunida ha formulado
la súplica por la transformación escatológica «en un
solo cuerpo», con las *intercesiones* la misma súplica
se extiende a los otros miembros de la Iglesia que en
el momento de la celebración no se hallan físicamente
presentes. El motivo de tal ampliación está en el hecho de que en toda celebración eucarística se encuentra implicada la Iglesia entera. De ello se sigue que
cada porción de la Iglesia (desde la Iglesia jerárquica a
la Iglesia que mora en la cotidianidad del mundo, a la
Iglesia purgante, a la Iglesia triunfante) debe ser mencionada para que cada grupo y cada individuo tengan
su parte en el proceso de nuestra siempre mayor y más
profunda transformación en el cuerpo místico.

¿Qué se pide en la intercesión por la Iglesia universal, es decir, por el Papa, el obispo, el presbiterio, los
diáconos y todo el pueblo de Dios? Que sean transformados cada vez más «en un solo cuerpo». ¿Qué se
pide en la intercesión por la ciudad y por el mundo en
que vivimos? Que sus habitantes sean transformados
«en un solo cuerpo», con todas las implicaciones éticas
y sociales, familiares y profesionales, horizontales y
verticales, que esta súplica fundamental supone.

Calificando como «escatológica» la transformación
pedida, queremos subrayar que nuestra inserción en el
proceso de crecimiento eclesial se realiza de acuerdo
con los ritmos de una transformación «ya» realizada, pero «todavía no» perfectamente cumplida. Esta

transformación se va realizando precisamente al compás de nuestras celebraciones eucarísticas y nuestras comuniones sacramentales.

Las intercesiones de la Plegaria eucarística III

Para no quedarnos en vaguedades, recordamos al lector algunas de las intercesiones de la Plegaria eucarística III en la liturgia romana:

> Te pedimos, Padre,
> que esta Víctima de reconciliación
> traiga la paz y la salvación al mundo entero.
> Confirma en la fe y en la caridad
> a tu Iglesia peregrina en la tierra:
> a tu servidor, el papa N.,
> a nuestro obispo N.,
> al orden episcopal,
> a los presbíteros y diáconos,
> y a todo el pueblo redimido por ti.
> Atiende los deseos y súplicas de esta familia
> que has congregado en tu presencia.
> Reúne en torno a ti, Padre misericordioso,
> a todos tus hijos dispersos por el mundo.

Las intercesiones de la tradición romana se caracterizan –como es bien sabido– por su esencialidad, que podría parecer buena para comunidades siempre atareadas, siempre con prisas, pero que se aproxima a una cierta pobreza expresiva. Por eso vamos a confrontar estas sobrias intercesiones nuestras con las que han surgido en el seno de las tradiciones de Oriente, mucho más pomposas, más ricas y más rezumantes de humanidad. De esta manera seremos capaces de respirar con los dos pulmones de la tradición común, el de Occidente y el de Oriente. Comprobaremos que los formularios de la tradición oriental nos ayudan a profundizar en aquellas propuestas que nuestras intercesiones se limitan a sugerir, sin llegar a explorar plenamente sus posibilidades.

LAS INTERCESIONES DE LA PLEGARIA EUCARÍSTICA DE SAN BASILIO

Elegimos las intercesiones de la Plegaria eucarística de san Basilio, conservadas por la tradición de la Iglesia de Alejandría, en Egipto, porque son un ejemplo admirable de equilibrio entre la dimensión vertical en relación con Dios y la dimensión horizontal entre nosotros. Tratándose de un texto muy largo, seleccionaremos solo algunos elementos.

Después de una primera intercesión *por la Iglesia universal*, que ruega al Señor que se acuerde de su «santa, única, católica Iglesia», se pide *por la Iglesia jerárquica* en estos términos:

> En primer lugar, acuérdate, Señor, de nuestro santo Padre el arzobispo *abba* N., papa y patriarca de la gran ciudad de Alejandría: haz que por tu gracia pueda presidir a las santas Iglesias en paz, sin peligro que lo amenace, glorioso, sano, longevo, dispensando rectamente la palabra de la verdad y apacentando a tu grey en paz.
> Acuérdate, Señor, de los presbíteros ortodoxos, del orden de los diáconos y de los ministros, de todos aquellos que viven en celibato,
> y de todo tu fidelísimo pueblo…

Resulta notable en este texto el toque de humanidad que mueve a la asamblea a pedir para su patriarca no solo que pueda dispensar rectamente la palabra de la verdad y apacentar en paz a la grey, funciones propias de su ministerio de pastor, sino también que goce de buena salud y que llegue a una edad avanzada.

Junto al arzobispo, que aquí aparece designado además con el antiguo título de «papa de Alejandría», se enumeran los restantes componentes de la estructura eclesial: presbíteros, diáconos, ministros, pueblo. Ciertamente hay que advertir que la intercesión por la Iglesia jerárquica jamás puede ser considerada como una intercesión, por así decir, clerical. Si queremos representarnos la Iglesia como una pirámide, cuando contemplamos la cumbre ¿podemos acaso prescindir de la base? Es más, las leyes de la estática nos recuerdan que, cuanto más alto es el vértice, más ancha debe ser la base.

Sigue después la intercesión *por la Iglesia en el mundo*, donde se enumeran las diversas circunstancias de la condición humana:

> Acuérdate también, Señor, de la salvación de esta nuestra ciudad y de aquellos que, creyentes en Dios, habitan en ella.
> Acuérdate, Señor, del clima y de los frutos de la tierra.
> Acuérdate, Señor, de las lluvias y de las semillas de la tierra.
> Acuérdate, Señor, del crecimiento mesurado de las aguas de los ríos.
> Alegra también y renueva la faz de la tierra: llena los surcos, multiplica sus plantas; hazla como debe ser para las simientes y para la mies…

Gobierna nuestra vida: bendice el ciclo de las estaciones con tu benevolencia, a causa de los pobres de tu pueblo, de la viuda y del huérfano, del extranjero que está de paso y del que ya reside entre nosotros, a causa de todos nosotros que esperamos en ti e invocamos tu santo nombre: porque los ojos de todos esperan en ti, y tú les das a todos el alimento en el tiempo oportuno…

Llena de alegría y de gozo nuestros corazones para que, teniendo siempre y en todas partes lo necesario, abundemos en toda obra buena, para hacer siempre tu santa voluntad.

Por la precariedad de la existencia

Algunas de estas peticiones les pueden parecer poco adecuadas a nuestras sociedades del bienestar, que afortunadamente ya no saben lo que es la precariedad de la existencia dependiente de cataclismos estacionales y de las carestías que ocasionan. Sin embargo, si nos esforzamos por salir de nuestro egocentrismo occidental, nos damos cuenta de que una parte amplísima de la humanidad del siglo XXI, aquella a la que le ha tocado nacer en países eternamente probados, no tiene dificultad alguna en asociarse a los fieles de la Iglesia de Alejandría, que en todas las eucaristías repetían: «Acuérdate de todos los que entre nosotros pasan hambre». ¿Qué decir, además, de la petición a Dios para que se acuerde «del crecimiento mesurado de las aguas de los ríos»? ¿Acaso esta súplica no parece escrita para nosotros que, por un aprovechamiento insensato del terreno, nos vemos expuestos a sufrir enormes inundaciones provocadas por cualquier chaparrón?

Pero el texto es significativo sobre todo por otra razón: las peticiones no están destinadas tanto a satisfacer las necesidades materiales del orante, cuanto más bien a garantizar el sustento a los pobres, a los huérfanos y a las viudas, a los extranjeros residentes (entre nosotros serían los extracomunitarios con permiso de residencia), a los extranjeros que están de paso (los que llamamos clandestinos o sin papeles). Es decir, se le pide a Dios que haga lo que a él le corresponde, a saber, bendecir las cosechas, para que quien no esté agobiado por la necesidad pueda comprometerse en favor de quienes diariamente viven en necesidad.

Antes de sacar las conclusiones que la lógica de nuestras eucaristías impone, vamos a seguir leyendo la formulación más detallista y «humana» que nos ofrece la misma Plegaria de san Basilio, según se usa todavía hoy en las Iglesias que dependen de Bizancio. Seleccionamos aquí algunas expresiones:

> Llena las despensas de todo bien.
> Conserva las uniones conyugales en la paz y en la concordia; cría a los niños, educa a los jóvenes, fortalece a los ancianos.
> Consuela a los atribulados, reúne a los dispersos, reconduce a los descarriados y tráelos a tu santa, católica y apostólica Iglesia; libera a los atormentados por espíritus impuros.
> Navega con los navegantes; camina con los caminantes; cuida de las viudas, protege a los huérfanos, libera a los prisioneros, cura a los enfermos; acuérdate de los que están en los tribunales, en las minas, en el destierro, en dura esclavitud y en cualquier tribulación y necesidad, y en desasosiego y desconcierto; acuérdate también, oh Dios, de todos aquellos que tienen

necesidad de tu gran compasión, de los que nos aman y de los que nos odian, y de cuantos nos han pedido a nosotros, indignos, que recemos por ellos...

Y acuérdate de aquellos de quienes no nos hemos acordado por ignorancia, o por olvido, o por la larga lista de nombres: acuérdate tú mismo, oh Dios, que conoces a cada uno desde el seno de su madre. Pues tú, Señor, eres el cuidado de cuantos se encuentran descuidados, la esperanza de los desesperados, el salvador de los que se hallan atribulados, el puerto de los navegantes, el médico de los enfermos; sé tú, para todos ellos, todo, tú que conoces a cada uno, y su súplica, su casa y su necesidad.

Y libra, Señor, a esta tu grey, y a toda la ciudad y a la región del hambre, de la peste, del terremoto, del naufragio, del fuego, de la espada, y de la invasión extranjera y de la guerra civil.

Sería interesante intentar actualizar el texto de esta intercesión por la Iglesia en el mundo, sustituyendo algunas de las categorías enumeradas –que hoy ya no padecen necesidad al estar tuteladas por las leyes civiles– por los grupos a los que esta sociedad del bienestar y de la búsqueda frenética de experiencias intensas, continúa excluyendo y marginando. En todo caso hemos de reconocer que la sensibilidad que muestran estos textos aún resulta viva, fresca e impactante.

En todas estas intercesiones se ruega a Dios Padre que conceda a las diversas porciones de Iglesia mencionadas todo aquello que necesitan las personas y las comunidades. Se trata de peticiones concretas, espirituales, sí, pero sobre todo «humanas», cuyo común denominador, aunque no explicitado formalmente, es la transformación escatológica «en un solo cuerpo».

Esto es lo que subraya acertadamente el texto latino de la aclamación de la epíclesis que figura en la Plegaria eucarística II para las Misas con niños de la Iglesia romana. En ella, cada una de las peticiones se responde con la aclamación: *Unum Corpus sint!* («¡Que sean un solo cuerpo!»).

Entre las distintas peticiones que se formulan hemos destacado una que dice: «Reconduce a los descarriados y tráelos a tu santa, católica, apostólica Iglesia». En el culmen de la máxima tensión orante, la Iglesia en oración no puede limitarse a recordar a sus miembros dóciles y bien dispuestos, debe preocuparse también de todos aquellos que, habiéndose acostumbrado a prescindir de Dios todos los días, se han alejado de la vida eclesial. También por estos, voluntaria o involuntariamente ausentes, suplica la Iglesia «que también ellos sean un solo cuerpo».

Compromiso ético y liturgia

De estas peticiones surge de modo evidente la reflexión sobre el compromiso ético. Ciertamente, pedir a Dios que bendiga nuestras cosechas y que llene de gozo y de alegría nuestros corazones significa decidirse a comprometerse de manera efectiva en favor de cuantos, privados de apoyo, lo esperan todo de la benevolencia del Señor y de nuestra generosidad, la de aquellos que esperamos la cosecha. En otras palabras, le pedimos a Dios que llene nuestros graneros para que nosotros, por nuestra parte, podamos ser generosos con los demás.

Las intercesiones de la Plegaria eucarística de san Basilio nos invitan a reflexionar sobre la relación que existe entre liturgia y compromiso ético, o bien entre oración y acción. Se trata de dos modos complementarios pero estrechamente interdependientes de vivir la fe: sin liturgia es difícil que haya verdadero compromiso ético; sin compromiso ético es imposible que haya verdadera liturgia. Si esto vale para toda la liturgia en general, con mayor razón vale para la eucaristía, que la tradición de las Iglesias bizantinas llama «la divina liturgia», la liturgia por antonomasia. De hecho, la transformación «en un solo cuerpo», que la epíclesis pide y las intercesiones prolongan y acrecientan, es vertical y horizontal a la vez. La dimensión vertical, nuestra tensión y atención a Dios, halla su verificación natural en la dimensión horizontal, es decir, en nuestra tensión y atención a aquellos de los que debemos hacernos prójimos.

Al entrar en la iglesia llevamos con nosotros todas las vivencias del mundo, tanto las gozosas como las angustiosas, para vivirlas en su máximo grado en aquella particular relación con Dios y con los otros que es la celebración eucarística. Cuando salimos de la iglesia llevamos a nuestro vivir diario todos los compromisos asumidos y consolidados al ritmo de nuestras eucaristías. Si al entrar en la iglesia no llevamos con nosotros nuestras preocupaciones y las del mundo, resulta inútil que entremos en ella. De la misma manera, si al salir de la iglesia no llevamos compromisos concretos para nuestra vida personal, familiar, profesional, cívica y eclesial, resultó inútil que entráramos en ella, pues una eucaristía sin voluntad de asumir compromisos éticos –especialmente en relación con el prójimo– es, para quien participa en ella, una eucaristía nula. Sin compromisos efectivos el culto constituye una evasión cómoda, un culto vacío, una apariencia de culto.

Nos resulta tranquilizador el esperar de Dios intervenciones extraordinarias; pero nos equivocamos totalmente. En efecto, Dios no nos quiere meros espectadores de sus obras, aunque estemos llenos de admiración. Él nos ha dado ojos para ver, oídos para oír, manos para actuar. Nuestros ojos deben ser los mismos con los que Dios ve las necesidades; nuestros oídos, aquellos con los que Dios escucha los lamentos; nuestras manos, aquellas de las que Dios se sirve para venir en nuestro socorro. Por eso en nuestras eucaristías pedimos su ayuda, para tener algo que dar, pero también y sobre todo para obtener de Él la atención y la sensibilidad indispensables para ponernos manos a la obra todos los días.

Con esta sensibilidad participaban en la eucaristía las comunidades cristianas de los primeros tiempos. Así lo atestigua Justino, que, como ya indicamos, murió mártir hacia el año 165. En su *Primera apologia*, después de describir la celebración de la eucaristía y haber hablado de la comunión, añade: «Después, aquellos que viven en la abundancia, y quieren dar, dan voluntariamente lo que quieren, y lo que se recoge es depositado ante el que preside; y éste socorre a los huérfanos y a las viudas, y a quienes se hallan marginados por enfermedad o por cualquier otra causa, y a los que están en las cárceles, y a los extranjeros residentes: en pocas palabras, él se convierte en proveedor de todos aquellos que padecen necesidad»[1].

Una invitación insistente a establecer una relación sólida y profunda entre culto y vida, y en particular entre eucaristía y compromiso ético, nos la dirige también Nicolás Cabasilas, teólogo bizantino del siglo XIV. En su tratado sobre mística sacramental titulado *La vida en Cristo*, escribe: «Si en verdad contemplamos estas cosas y si estos pensamientos reinan en nuestra mente, en primer lugar no se abrirá camino en nosotros nada de lo que es malo... No abriremos la boca a una lengua malévola, si tenemos en la mente la mesa eucarística y la calidad de la sangre que ha enrojecido esta lengua nuestra. ¿Cómo usaremos los ojos para mirar lo que no se debe, una vez que han gozado de tan enormes misterios? No moveremos los pies ni extenderemos las manos al mal si influye en el alma esta consideración, a saber, que estos miembros nuestros son miembros de Cristo, que son sagrados y, como una ampolla, contienen su sangre»[2].

1. Justino, *Apología* I, 67, 6-7.
2. Nicolás Cabasilas, *La vida en Cristo*, 6, 19-20.

8

LA INTERCESIÓN
POR LOS DIFUNTOS

Continuando el examen de la Plegaria eucarística, encontramos la intercesión por los difuntos. Con ella pedimos para nuestros difuntos, como ya hemos hecho en la súplica por los diversos componentes de la Iglesia en el mundo, lo mismo que ya pedimos para cuantos nos preparamos a recibir la comunión, es decir, la transformación «en un solo cuerpo».

Esta súplica que el presbítero eleva en cada misa, llama la atención de todos, incluidos aquellos que únicamente atraviesan el umbral de la puerta de la iglesia con ocasión de la muerte de algún familiar cercano o de un amigo, puesto que se tocan cuerdas dolorosamente sensibles.

¿Por qué entonces rogamos por nuestros difuntos y precisamente en la Plegaria eucarística? La razón es simple: por fe sabemos que ellos viven en Dios, pero no nos es dado conocer en qué grado de purificación se encuentran. En consecuencia, debemos orar por todos nuestros difuntos, principalmente en la oración que es *culmen et fons* de la misma liturgia.

Los difuntos desempeñan un papel importante durante la Plegaria eucarística. En el momento del *Sanctus* –como hemos visto anteriormente– han sido nuestros muertos, con sus voces poderosas, quienes nos han tomado de la mano dando consistencia a nuestra débil voz. Ahora, en el momento de la intercesión, somos nosotros los que nos disponemos a echarles una mano. Porque ellos ya no están en condiciones de dirigir personalmente a Dios la petición que implica la participación efectiva en el cuerpo sacramental. Por eso nosotros salimos al encuentro de su debilidad y, supliendo amorosamente su boca, que ya no puede comulgar, pedimos para ellos, por medio de nuestra comunión de sufragio, aquella transformación escatológica que ardientemente esperan. Veamos el texto de dos Plegarias eucarísticas muy familiares para nosotros.

La intercesión por los difuntos en las Plegarias eucarísticas del Rito romano

En el *Canon romano*, es decir, la Plegaria eucarística I, la Iglesia reza así:

> Acuérdate también, Señor, de tus hijos N. y N...
> que nos han precedido con el signo de la fe
> y duermen ya el sueño de la paz.
> A ellos, Señor, y a cuantos descansan en Cristo,
> concédeles el lugar del consuelo,
> de la luz y de la paz.

Esta intercesión romana, aun siendo tan sobria, no deja de tener su encanto. La designación de los difuntos como aquellos que «duermen el sueño de la paz» no es una invención genial del Canon romano, sino una designación muy enraizada en la tradición. Hablando de la muerte de Lázaro, Jesús mismo usa el lenguaje del dormir y del sueño reparador (cf. Jn 11, 11-13). Por otra parte, en nuestro lenguaje habitual utilizamos la palabra «cementerio», que etimológicamente significa «dormitorio, lugar donde se duerme». ¿Qué mejor cosa podemos pedir para quienes ya se han «dormido» que «el consuelo (la bienaventuranza), la luz y la paz». Se trata de una súplica sintética, esencial, mas preñada de contenido.

Mucho más extensa es la variante propia que figura en la Plegaria eucarística III. En esta fórmula –que obviamente permite las adaptaciones al singular y al plural, al masculino y al femenino– se dice así:

> Recuerda a tu hijo (hija) N.,
> a quien llamaste (hoy) de este mundo a tu presencia:
> concédele que, así como ha compartido ya la muerte
>   de Jesucristo,
> comparta también con él la gloria de la resurrección,
> cuando Cristo haga surgir de la tierra a los muertos,
> y transforme nuestro cuerpo frágil
> en cuerpo glorioso como el suyo.
> Y a todos nuestros hermanos difuntos
> y a cuantos murieron en tu amistad
> recíbelos en tu reino,
> donde esperamos gozar todos juntos
> de la plenitud eterna de tu gloria;
> allí enjugarás las lágrimas de nuestros ojos,
> porque, al contemplarte como tú eres, Dios nuestro,
> seremos para siempre semejantes a ti
> y cantaremos eternamente tus alabanzas…

Especialmente significativas son las expresiones «cuando Cristo haga surgir de la tierra a los muertos», «allí enjugarás las lágrimas de nuestros ojos» y «al contemplarte como tú eres... seremos semejantes a ti». Aquí la Iglesia en oración confiesa y anuncia que la muerte será vencida por la resurrección, que nuestras lágrimas serán enjugadas por la contemplación del rostro de Dios, que la separación temporal dará paso al gozo de un reencuentro que será definitivo.

La intercesión por los difuntos en las Plegarias eucarísticas orientales

Para comprender mejor la riqueza teológica de las intercesiones por los difuntos, no podemos dejar de referirnos a las Plegarias eucarísticas que se emplean en los ritos orientales. Estas plegarias presentan formularios amplios, extensos, intencionalmente exhaustivos y cargados de humanidad.

La Plegaria eucarística de san Basilio se expresa con las siguientes palabras:

> Y pues, oh Soberano, hay un mandato de tu Hijo Unigénito
> de que estemos en comunión con la memoria de tus santos,
> dígnate acordarte también, Señor,
> de aquellos que te fueron gratos ya cuando estaban en el mundo:
> de los santos padres, de los patriarcas, de los apóstoles, de los profetas,
> de los predicadores, de los evangelistas,
> de los mártires, de los confesores,

y de todos los justos que en la fe de Cristo llegaron
　　a la perfección.
En particular acuérdate
de la santísima, inmaculada, benditísima,
　　nuestra Señora,
Madre de Dios y siempre Virgen María;
de tu santo glorioso profeta, precursor, bautista
　　y mártir, Juan;
de san Esteban, protodiácono y protomártir;
del santo y bienaventurado padre nuestro Marcos,
　　apóstol y evangelista;
y del santo padre nuestro y taumaturgo Basilio;
de san N., cuya memoria celebramos hoy;
y de todo el coro de tus santos,
por cuyas oraciones e intercesiones
ten piedad también de nosotros,
y sálvanos por tu santo Nombre
que ha sido invocado sobre nosotros.
Del mismo modo acuérdate, Señor,
de todos aquellos que, formando parte del orden
　　sacerdotal,
se han dormido ya,
y de aquellos que formaban parte del estado
　　de los laicos:
dígnate dar el descanso a las almas de todos
en el seno de nuestros santos padres Abrahán,
　　Isaac y Jacob;
líbralos de este mundo,
reúnelos a los unos con los otros en ese vergel,
junto a las aguas remansadas,
en el paraíso delicioso, del que han desaparecido el
　　dolor y la tristeza y el llanto,
en el esplendor de tus santos.
A aquellos, Señor, cuyas almas has acogido ya allí,
concédeles el descanso y hazlos dignos del reino de
　　los cielos.

Inmediatamente salta a los ojos una diferencia entre las liturgias del pasado y las actuales. Mientras que las plegarias eucarísticas que se usan hoy, partiendo de la comunidad reunida, piden para ella un crecimiento cada vez mayor «en comunión con» la Virgen María, los apóstoles y todos los santos, las antiguas liturgias orientales en cambio consideraban a los santos como los cabezas de fila de los difuntos, y sin temor alguno pedían también para ellos –sin excluir siquiera a la Llena de gracia– una cada vez mayor transformación escatológica.

La línea de demarcación entre las dos categorías no era entonces tan tajante como deja entender la teología a la que estamos acostumbrados. Si objetáramos a los antiguos redactores que sus peticiones nos parecen superfluas, puesto que los santos canonizados ya gozan plenamente de la visión beatífica, nos responderían que en el cuerpo místico, precisamente porque es escatológico, existe, también para los santos, la posibilidad de un crecimiento cada vez mayor en santidad, que en todo caso es a Dios a quien corresponde cuantificar.

Después de la presentación conjunta de todos aquellos «que te fueron gratos ya desde cuando estaban en el mundo», la Plegaria de san Basilio enumera en primer lugar a los santos ya coronados, es decir, aquellos que después de una vida ejemplar de gran alcance nos han sido propuestos como modelos: los santos padres, los patriarcas, los apóstoles, los profetas, los predicadores, los evangelistas, los mártires y los confesores. De esta multitud elegida se citan algunos nombres. En primer lugar está María, calificada con siete títulos honoríficos: santísima, gloriosísima, inmaculada, benditísima, Señora nuestra, Madre de Dios y siempre Virgen. Sigue a continuación Juan Bautista, el mayor entre los nacidos de mujer (cf. Mt 11, 11). Después se enumeran otros santos, que los formularios orientales tienden a acumular en listas interminables.

Concluida la memoria de los difuntos canonizados, se pasa a hacer memoria de los santos no canonizados, o sea, de aquellos a los que de ordinario solemos designar simplemente con el término «difuntos». Aunque muchos no podrán ser nunca propuestos solemnemente como modelos de vida, sobre todo porque la mayor parte han llevado una existencia escondida, muchos de ellos nos han dejado aquel ejemplo de vida evangélica que los convierte en «los santos de nuestras familias».

Para ellos pedimos a Dios que los «libre de este mundo», no ya para separarlos de aquellos de los que un luto lejano o reciente los ha arrancado físicamente, sino para «reunirlos a unos con los otros», es decir, con sus padres, con sus madres, con sus parientes y amigos, con todos los miembros de las pequeñas o grandes familias humanas que ya los han precedido en la morada común. ¿No es acaso nuestro mayor problema principalmente el encontrarnos en soledad y divididos? ¿No es el rechazo de este «reunirnos unos con otros» el que atormenta nuestra vida individual y colectiva con incomprensiones, rencores, odios, tensiones de todo tipo e incluso con guerras abiertas? A los difuntos les deseamos un descanso pleno: por eso pedimos que puedan disfrutarlo «juntos».

Alguno podría pensar que la idea de vivir «en un vergel, junto a las aguas remansadas, en el paraíso delicioso», nos dice poco a nosotros que, a pesar de nuestras sofisticadas tecnologías, a duras penas conseguimos contener los desastres de los cambios estacionales. Pero se trata de una imagen que sería bueno que pudiéramos recuperar, porque es exquisitamente humana. No es casualidad que la felicidad primordial fuera representada en el libro del Génesis mediante «el paraíso de delicias», regado por los cuatro ríos, allí donde Adán es colocado para –literalmente– «reposar» (cf. Gn 2, 15).

La temática del «reposo» está especialmente resaltada en la Plegaria eucarística de la Iglesia de Jerusalén, conocida como *Anáfora de Santiago*. Dice así:

> Acuérdate de todos estos, Señor, Dios de los espíritus y de toda carne, de aquellos que hemos recordado y de los ortodoxos que no hemos recordado: tú mismo hazlos reposar en la región de los vivientes, en tu reino, en la delicia del paraíso, en el seno de Abrahán y de Isaac y de Jacob, nuestros santos padres, de donde han huido el dolor, la tristeza y el llanto, donde ilumina y brilla en todo tiempo la luz de tu rostro.

EL NOMBRE DE LOS DIFUNTOS EN LA PLEGARIA EUCARÍSTICA

Si es importante que toda Plegaria eucarística contemple la ampliación de la súplica fundamental a la Iglesia purgante, no lo es menos que la comunidad reunida pueda pronunciar ante Dios, por boca de su presidente o de un presbítero concelebrante, el nombre de un difunto en particular. Es esta una tradición antigua e ininterrumpida, muy estimada y querida para el corazón de todos. La normativa litúrgica no excluye ningún día a este respecto, porque se adapta perfectamente también al domingo, día memorial de la resurrección.

Desde el punto de vista teológico, resulta muy importante poder pronunciar el nombre del difunto. Se trata de la proclamación cultual del nombre. A nosotros, los cristianos occidentales modernos, debido a la inflación de palabras a que estamos sometidos, por desgracia el nombre casi no nos dice nada. Muchas veces se reduce simplemente a un dato del registro civil. Pero para el hombre antiguo o para el oriental, o mejor, para el antiguo oriental que todos llevamos dentro sin saberlo, el nombre designa a la persona en su totalidad.

Por lo que se refiere a la intercesión por los difuntos, todos somos capaces de comprender la diferencia que existe entre las dos praxis celebrativas posibles.

Una es la de aquella asamblea que se contenta con recordar mentalmente, en silencio, a un difunto cuyo nombre muchas veces ni el propio celebrante conoce –como lamentablemente llega a ocurrir–. Sin duda alguna, se reza por él con la mejor intención. Entre otras cosas, porque todos saben que la oración que se realiza no es una oración cualquiera, sino que se trata de la Plegaria eucarística. De lo que se deduce que, aunque se trate de una oración silenciosa, la intercesión consigue siempre lo que se pide. Sin embargo, a nivel del signo, debemos reconocer que falla el modo de pedir.

La otra praxis celebrativa se da en una asamblea que, por boca de su presidente o de un presbítero concelebrante, grita a Dios, por ejemplo, en el Canon romano: «Acuérdate, Señor, de tus hijos *Miguel* y *Margarita*... que duermen el sueño de la paz».

No podemos quedarnos aquí con la simple resonancia emocional vinculada a la proclamación de los nombres. Las normas litúrgicas van mucho más allá del dato psicológico. Envuelven al hombre, a todo el hombre, en el discurso orante que hace vibrar los oídos y el corazón de Dios.

Está claro que, mediante una adecuada catequesis, habrá que hacer comprender a nuestros fieles occidentales contemporáneos que no se trata de dar lustre al difunto o a sus familiares. En realidad, mediante la proclamación cultual del nombre del difunto se pide a Dios que lo transforme escatológicamente en el «cuerpo eclesial», en virtud de la comunión en el «cuerpo sacramental» que los presentes se preparan para recibir en sufragio de ellos.

Algunos pastores temen que el hecho de decir los nombres de los difuntos limite de alguna manera el alcance de la misa, que es universal. Pero son temores teológicamente infundados. En las intercesiones de la Plegaria eucarística hay lugar para todos: para los santos y para los pecadores; para aquellos que la Iglesia presenta como modelos y para todos y cada uno de aquellos que, vivos o muertos, esperan conformarse escatológicamente a la imagen perfecta de Dios. O mejor, digamos que cuanto más están nuestros difuntos en situación de espera, más son objeto privilegia-

do y propio de nuestra intercesión, íntimamente corre-
lativa a nuestra actual comunión eucarística.

Con el fin de educar a los fieles a comprender de
manera justa la aplicación de la misa, sería bueno acos-
tumbrarlos a considerar normal la posibilidad de que,
después de la proclamación del nombre de un difunto
concreto como «primera intención», se añadiera también la proclamación de otros nombres como «segunda intención». El pastor podría añadir como segunda
intención, por ejemplo, la proclamación del nombre
de los parroquianos fallecidos a lo largo del último
mes, o el de alguna persona cuya muerte se haya conocido, o el de los muertos a consecuencia de algún
accidente que haya conmovido especialmente a la comunidad, o el de las víctimas de alguna calamidad a
nivel nacional o mundial. Con esta finura de pastoral
celebrativa y, por supuesto, con una catequesis reto-
mada periódicamente, se ayudaría a los fieles que han
ofrecido por una intención personal a evitar todo tipo
de actitud posesiva sobre «su» misa.

Cuando nos angustia la preocupación por nuestros difuntos porque querríamos conocer con certeza
su suerte, es precisamente entonces cuando hemos de
preguntar a nuestra fe. Ella nos recuerda por una parte
que, aun cuando exista el infierno –o sea, la condición
de privación perpetua de la visión beatífica–, no tenemos derecho a situar en él a nadie.

Por otra parte, solo de los difuntos canonizados
declara esa misma fe que han entrado ya en la Iglesia triunfante. De todos los demás difuntos, la fe, mediante el magisterio de la liturgia, nos invita al mis-

mo tiempo a verlos en la casa del Padre y a rezar por ellos. Dado que pueden estar necesitados de nuestros sufragios, a nosotros nos incumbe la amorosa deuda de caridad de rezar indistintamente por todos nuestros muertos, pidiendo para ellos esa misma transformación escatológica en el cuerpo místico que, al ritmo de nuestras misas, no nos cansamos de suplicar para cada uno de nosotros.

9

A MODO DE FIRMA…
COMO UN TRUENO DESDE LAS NUBES

Las intercesiones de la Plegaria eucarística concluyen con una fórmula de alabanza, llamada técnicamente *doxología final*. Para hacernos una idea concreta, nos fijamos en la del Canon romano, una joya de musicalidad y de ritmo:

> Por Cristo, con él, y en él (*per ipsum, et cum ipso, et in ipso*),
> a Ti, Dios Padre omnipotente,
> en la unidad del Espíritu Santo,
> todo honor y toda gloria
> por los siglos de los siglos.

Es el noveno elemento estructural de la Plegaria eucarística, que la liturgia cristiana ha heredado de la oración veterotestamentaria y judía. Para comprender su función recordemos que, a medida que se van sucediendo las intercesiones, aumenta la tensión hacia el reino escatológico, en el cual pedimos a Dios que nos introduzca, con el deseo de glorificarlo eternamente, sin fin. La doxología se presenta entonces como una inclusión laudatoria, es decir, como retorno al tema de la alabanza inicial comenzada con el prefacio. A esta alabanza solemne que anima toda la Plegaria eucarística la asamblea responde con un solemnísimo «Amén».

EL SIGNIFICADO DE LA PALABRA «AMÉN»

Vamos a fijarnos en la teología de este «amén» conclusivo de la oración presidencial en general y de la Plegaria eucarística en particular. Se trata de una respuesta no solo solemne, como hemos dicho, sino también, y sobre todo, comprometedora.

La palabra hebrea «amén» procede de una raíz (*amán*) que comprende las nociones afines de «estabilidad, verdad, firmeza». El significado primordial del hebreo es, por tanto, el de una afirmación. Al responder «Amén» a la oración presidencial, la asamblea grita a Dios Padre: «¡Sí, así es!», «¡es verdad todo lo que el presidente ha dicho!», «¡él ha sido nuestra voz!».

Justino nos ofrece una ilustración complementaria e igualmente estimulante del valor teológico del «Amén». En sus dos narraciones de la liturgia eucarística, dice que, cuando el presidente termina de elevar el discurso oracional «por extenso» y «con todas sus fuerzas», el pueblo responde aprobándola por aclamación con el «Amén» final. Justino precisa que este término hebreo significa: «Así sea»[1]. Según esta traducción griega que él ofrece, el «Amén» expresa un deseo: «Que se realice todo lo que el presidente ha dicho, es decir, la petición que ha hecho en nuestro nombre».

---

1. Cf. Justino, *Apología* I, 65, 3 y 67, 5.

Por consiguiente, el «Amén», pronunciado como conclusión de una fórmula litúrgica, oscila entre el sentido afirmativo originario: «¡Así es!», y el significado posterior de deseo: «¡Que así sea!». Respondiendo «Amén», la comunidad cultual hace suya mediante esta aclamación afirmativa y desiderativa la oración de su presidente y se asocia a ella sin reservas. De aquí se deduce que pronunciar el «Amén» es tan comprometedor como pronunciar la misma oración que con ese «Amén» se confirma. De esto eran muy conscientes los antiguos mistagogos, es decir, aquellos maestros que amaban guiar a los fieles a la comprensión del misterio por medio de la liturgia.

Seguidamente, y con el fin de proporcionar puntos de reflexión a los mistagogos de hoy, vamos a ofrecer algunos testimonios, directos e indirectos, primero de los Padres de la Sinagoga y, a continuación, de los Padres de la Iglesia.

Enseñanzas de los Padres de la Sinagoga

Como el «amén» era ya patrimonio de la liturgia veterotestamentaria y judía, también los rabinos sentían la necesidad de instruir a los fieles sobre el deber de pronunciarlo de manera consciente y responsable como respuesta a la oración elevada por el presidente de la asamblea. Por eso una mistagogia rabínica se dedica a responder a las objeciones de los fieles que, considerando el papel mucho más vistoso y denso del presidente, pueden tener en menos la intervención de la asamblea.

El Talmud de Babilonia (una colección de enseñanzas de los rabinos de Babilonia sobre la Torá) defien-
de dos opiniones a primera vista contradictorias que
después trata de equilibrar y concordar en la sentencia
conclusiva. Dice así:

> [Primera opinión] Parece que hay que afirmar que
> aquel que pronuncia la bendición es superior a aquel
> que responde «Amén». [Segunda opinión] Pero...
> Rabbí José dijo: «Aquel que responde 'Amén' es
> mayor que el que pronuncia la bendición». Le res-
> pondió Rabbí Nehoraj: «Tienes toda la razón. Pues
> son los escuderos los primeros que descienden y pe-
> lean en la batalla, pero son los héroes los que bajan
> después y vencen». [Enseñanza conclusiva] Fue en-
> señado: «Tanto el que pronuncia la bendición como
> aquel que responde 'amén' obedecen al mandato de
> bendecir al Señor; pero es gratificado primero aquel
> que pronuncia la bendición y después el que respon-
> de 'amén'» (*bBerajot* 53b).

Hay que tener en cuenta que en la liturgia hebrea
la palabra «bendición» equivale a nuestra «plegaria».
Adaptando la enseñanza rabínica a nuestra realidad
actual occidental, deberíamos traducir: «Tanto el que
pronuncia la plegaria como el que responde 'amén'
obedecen el mandato de orar al Señor».

En esta enseñanza el que preside la oración litúrgica es comparado con los escuderos o lanceros, es
decir, los miembros de la tropa que bajan al campo los
primeros, se mueven para atacar al enemigo y se fati-
gan. Por el contrario, los fieles que responden «Amén»
son comparados con los héroes, o sea, los miembros
seleccionados que, en una estrategia previsora, se re-

servan para el momento decisivo de la batalla. El papel litúrgico de los fieles, que con su «Amén» se adhieren a la plegaria del presidente, es por tanto superior o al menos igual –en cualquier caso, nunca inferior– al del propio presidente.

Un pasaje de la Misná (normas que constituyen al núcleo del Talmud) nos transmite la enseñanza de un rabino que quiere recordar al pueblo cómo el «Amén» es una adhesión responsable a la oración que se ha hecho. Estas son sus palabras:

> Deben responder «Amén» tras cualquier israelita que recita la bendición, pero no se responderá «Amén» tras el samaritano que pronuncie la bendición mientras no se haya oído toda la bendición (*bBerajot* 8, 8).

Tengamos presente que el israelita era el fiel ortodoxo, mientras que el samaritano era siempre sospechoso de herejía. La enseñanza no pretende dispensar al fiel de prestar atención al discurso oracional. Por el contrario, reivindica toda la importancia de la escucha, hasta el punto de que esta debe intensificarse y hacerse en cierto sentido más cuidadosa si el que preside la oración es un samaritano, cuya ortodoxia debe ser verificada con extrema atención. El «Amén» final no es por tanto una palabra que se pueda pronunciar a la ligera, para cerrar mecánicamente un texto de lo contrario inacabado.

Podemos añadir otra mistagogia rabínica, tomada también del Talmud de Babilonia. Está redactada en el estilo brutalmente eficaz de la catequesis amenazadora. Para poder comprenderla, son necesarias algunas precisiones terminológicas. Con los adjetivos «furtivo, arrancado, huérfano» se califican tres modos equivocados de pronunciar el «Amén». Así, un «amén furtivo» es aquel al que se le roba la primera vocal: en lugar de «amén», dicen «'mén». El «amén arrancado» es aquel que, como fruto todavía no maduro, es robado a la fuerza haciéndole perder la consonante final: de esta manera, el «amén» se convierte en «amé». Por último, el llamado «amén huérfano» es aquel que, aun presentando una dicción completa, no mantiene la tensión relacional con la plegaria que le ha dado origen. Este es el texto:

> Nuestros maestros enseñaron: «No se responde ni un 'amén' furtivo, ni un 'amén' arrancado, ni un 'amén' huérfano, ni se rechaza la bendición de la propia boca». Ben Azaj dijo: «El que responde un 'amén' huérfano, que sus hijos caigan en la orfandad; un 'amén' furtivo, que sean furtivos sus días; un 'amén' arrancado, que le sean arrancados sus días. Pero quien prolongue su 'amén', que le sean prolongados sus días y sus años» (*bBerajot* 47a).

Así catequizaban los rabinos. Por tanto, así como nadie podía desear que sus propios hijos fueran huérfanos, ni que sus días fuesen furtivos o arrancados, todos se esmeraban en proclamar despacio y perfectamente el «Amén». Esta era la enseñanza que recibían los fieles judíos para no pronunciar el «Amén» de modo rutinario, apresurado o distraído, pues tal negligencia es la demostración palpable de la falta de atención a la plegaria.

La enseñanza de los Padres de la Iglesia

Vamos a recordar finalmente una serie de afirmaciones de los Padres de la Iglesia que atestiguan, a veces también indirectamente, la importancia que la Iglesia de los primeros siglos reconocía a la proclamación coral del «Amén».

En una carta al papa Sixto II transmitida por Eusebio († alrededor del año 340), el remitente, Dionisio de Alejandría, le pide al «obispo de los romanos» que le ayude a resolver un caso concreto. Se trata de un hombre «considerado un anciano fiel» por todos y que desde hace mucho tiempo recibe con frecuencia los sacramentos, pero que sufre dudas sobre la validez de su bautismo por haberlo recibido en la herejía. Dionisio ofrece toda la información que posee sobre ese hombre, que había acudido a él llorando, lamentándose y pidiendo ser bautizado de nuevo. Entre dicha información incluye algo que es lo que aquí nos interesa, pues se refiere a la dimensión teológica del «amén» cultual. Dice así:

> Él ha escuchado y comprendido la eucaristía, y además ha aclamado como respuesta el «amén», y se ha mantenido de pie ante la mesa eucarística, y ha extendido la mano para recibir el alimento santo, y lo ha recibido, y durante mucho tiempo ha participado en el cuerpo y la sangre de nuestro Señor.

Es interesante la relación estrecha entre las expresiones «ha escuchado y comprendido la eucaristía» y «además ha aclamado como respuesta el 'Amén'». De acuerdo con Dionisio, la pronunciación del «Amén» se realiza únicamente después de que el fiel ha comprendido la Plegaria eucarística.

Es digna de resaltar la exégesis aplicada a la vida que el Ambrosiaster –un autor anónimo del siglo IV, identificado durante mucho tiempo con san Ambrosio– hace de 1 Cor 14, 16:

> De lo contrario, si bendices únicamente en el espíritu, es decir, si pronuncias la alabanza de Dios en una lengua desconocida para todos los que escuchan, ¿quién atiende al simple fiel? ¿Cómo podrá él decir «Amén» en respuesta a tu bendición, si no sabe lo que dices? (cf. 1 Cor 14, 16). De hecho, el ignorante, al escuchar aquello que no comprende, no conoce la conclusión de la plegaria y en consecuencia no responde: «Amén», o sea: «Es verdad», para que así se confirme la bendición. En efecto, la confirmación de la plegaria se realiza por obra de aquellos que responden «Amén», de manera que todo aquello que se ha dicho sea confirmado por el testimonio de la verdad en las mentes de quienes lo oyen[2].

También aquí la pronunciación del «Amén» representa un acto de enorme responsabilidad.

AGUSTÍN Y JERÓNIMO

Sobre el «Amén» que concluye la Plegaria eucarística reflexiona también Agustín de Hipona († 430) con una explicación breve e incisiva. En la mistagogia *Ad infantes*, es decir, a los neófitos, después de explicar minuciosamente el diálogo invitatorio, y después

---

2. Ambrosiaster, *Comentario a la primera Carta a los corintios* 14, 16.

de haber resumido la dinámica de la Plegaria eucarística limitándose a subrayar la mutación sacramental, añade lo siguiente:

> A esto vosotros respondéis «Amén». Decir «Amén» es suscribir. «Amén», traducido al latín, quiere decir «es verdad»[3].

Para Agustín, decir «Amén» es como poner la firma en un documento. Un acto notarial, por ejemplo, no tiene valor hasta que no ha sido firmado por el interesado. La firma lo convalida. De hecho, el momento en que la persona interesada se apresta a poner la propia firma reviste una solemnidad mayor que cuando el notario ha redactado el documento.

Vamos a concluir con el testimonio de Jerónimo († 419). En su elogio de la fe del pueblo romano, refiriéndose a Rom 1, 12, exclama:

> ¿Dónde se acude con tanta ansia y tanta asiduidad a las iglesias y a los sepulcros de los mártires como en Roma? ¿Dónde retumba como un trueno del cielo el «Amén» y se tambalean los vanos templos de los ídolos como en Roma? No es que los romanos tengan una fe diferente de la que tienen todas las Iglesias de Cristo; eso se debe al hecho de que en ellos la devoción es mayor, y es mayor la sencillez para creer[4].

Sin negar a los romanos de entonces el mérito de la participación consciente en la Plegaria eucarística, hemos de reconocer que el mérito corresponde sobre

---

3. Agustín de Hipona, Sermón «Esto que veis».
4. Jerónimo, *Comentario a la Carta a los gálatas* 2, 3.

todo a sus pastores. Si los romanos eran como Jerónimo los pinta, esto dependía de que los pastores sabían
sensibilizar a los fieles, con catequesis adecuadas,
acerca de la importancia de esta adhesión consciente
y responsable de toda la asamblea a la voz representa-
tiva de su presidente.

10

EL PAN QUE PARTIMOS
¿NO ES ACASO COMUNIÓN
CON EL CUERPO DE CRISTO?

Una comprensión inadecuada de la comunión eucarística

Si nos fijamos en las moniciones con que a menudo comienzan las celebraciones dominicales, comprobamos que apenas se hace referencia a la dimensión sacrificial de la misa, mientras que se subraya casi exclusivamente su dimensión de banquete.

Así, después del saludo inicial a la asamblea, el que preside se centra con predilección en el aspecto de la fiesta, del convite, diciendo por ejemplo: «Nos hemos reunido, hermanos y hermanas, para celebrar juntos la fiesta alrededor de una misma mesa». Además, la escenografía de algunas iglesias –que incluye juegos de luces, flores, música, cantos, batir de palmas y a veces hasta danzas– pone de relieve que la misa dominical es la invitación festiva al banquete eucarístico.

Muchos de nosotros, cuando nos trasladamos con la memoria a los años de nuestra infancia y revivimos nuestra preparación para la primera comunión, recordamos que los catequistas se esforzaban por explicarnos cuánto tiempo dura en nosotros la presencia real de Cristo. Es verdad que a este respecto ellos no se inventaban nada, pues de hecho una de las cuestiones que se trataba de precisar en los manuales de teología de la época era justamente cuánto tiempo permanece el cuerpo de Cristo en quien lo recibe. Después de las pertinentes aclaraciones, el autor de cierto manual sentenciaba que, teniendo en cuenta el tamaño de la hostia que suelen ingerir los fieles, permanecía alrededor de veinte minutos como media. Durante ese tiempo, se nos decía, debíamos permanecer en silencio acompañando a Jesús, como deberían haber hecho los tres apóstoles en Getsemaní y, por desgracia, no hicieron. Por eso, tras recibir la comunión nos sentábamos a hablar con Jesús, le contábamos nuestras cosas y tratábamos de escuchar con compunción lo que él, con su voz interior, sugería a nuestro corazón.

Para no dar pie a equívocos, digamos enseguida que todo esto es verdad, una santa verdad. Incluso aquella pedagogía era correcta. Su mayor mérito consistía en el esfuerzo de adaptar a la mente de los pequeños el contenido de la fe en la presencia real. Pero, junto a este valor, resulta evidente también que presentaba un inconveniente grave: dado que la mayor parte de los que hacían la primera comunión no recibían después ninguna otra formación religiosa, aquella explicación –que de hecho constituía la primera y la última instrucción sobre la comunión eucarística– acompañaría al fiel también durante toda su vida adulta y condicionaría de forma inadecuada su comprensión y su acercamiento a la vida sacramental.

Por eso nos preguntamos: ¿Se reduce a eso toda la teología de la comunión eucarística? Tal comprensión estática de la presencia real ¿responde de verdad al fin por el que el Señor Jesús, la víspera de su pasión, quiso instituir el sacramento de su cuerpo y su sangre?

Una respuesta profunda y satisfactoria a estos interrogantes nos la ofrecen dos fuentes complementarias y paralelas: en primer lugar, la teología subyacente a la celebración anual de la pascua hebrea, la celebración que sirvió de marco sacramental a la institución de la eucaristía; en segundo lugar, y principalmente, las narraciones bíblicas de la institución, sobre todo si las consideramos insertas como están en la Plegaria eucarística, la oración con la que desde siempre la Iglesia realiza la eucaristía.

LA DINÁMICA SACRAMENTAL DE LA PASCUA HEBREA

En la última cena –de acuerdo con la cronología de Mateo, Marcos y Lucas– Jesús celebró la pascua anual hebrea. En ella, como cabeza de la comunidad apostólica, desempeñó las funciones que el ritual asigna todavía hoy al padre de familia. De ellas, la fundamental es proporcionar a cada comensal aquella información que les permite experimentarse como participantes en el acontecimiento salvífico de la pascua.

El ritual prescribe que durante el anuncio pascual, es decir, durante la liturgia de la palabra que precede a la cena, el hijo menor haga la pregunta prevista en

Éxodo 12, 26: «¿Por qué esta noche es diferente de las
otras noches?». El padre de familia le responde a él y a
todos los participantes en la cena relatando los sucesos
del éxodo. Y concluye con esta monición solemne atribuida al Rabbí Gamaliel, el maestro de Pablo:

> De generación en generación, *cada uno tiene que ver-
> se a sí mismo como habiendo salido él también de
> Egipto*, como se ha dicho: «Ese día explicarás a tus hi-
> jos: 'Hacemos esto para recordar lo que hizo *por mí* el
> Señor cuando *salí* de Egipto'» (Ex 13, 8). No fue solo
> a nuestros padres a quienes redimió el Señor (¡bendito
> sea!), sino que *también a nosotros* nos redimió junto
> con ellos, como está dicho: «Y *a nosotros nos* sacó
> de allí para introducir*nos* y dar*nos* la tierra que había
> prometido a nuestros antepasados» (Dt 6, 23)[1].

La monición de Gamaliel arroja luz sobre la teología de la cena pascual. Con ella el padre de familia
enseña a la comunidad doméstica reunida bajo su pre-
sidencia que, gracias a la mediación sacramental del
cordero, cada uno estaba personalmente allí, en la salida liberadora de Egipto. En efecto, en la orilla del mar
no estaban solo los antepasados que lo atravesaron físicamente: también cada uno de los que ahora compo-
nen la comunidad pascual se encontraba allí, dispuesto
a sumergirse en las aguas de la muerte para morir a la
esclavitud del Faraón, y a resurgir de las aguas de vida
para renacer al servicio del Señor.

Cómo es esto posible se explica en la parte del texto
que a nosotros más nos cuesta entender. Dice así: «*En*

---

1. *Haggadá de la Pascua*, «Magghid».

virtud de esto es por lo que el Señor hizo lo que hizo por mí cuando salí de Egipto» (Ex 13, 8). Según la exégesis de los rabinos, esta frase significa: «*En virtud del cordero pascual que como esta noche*, el Señor entonces, es decir, en la noche única del paso del mar, me hizo salir de Egipto». Gracias a la comida del cordero, cada miembro de la comunidad de mesa está representado en el acontecimiento de salvación.

La implicación salvífica se establece aquí en la comunión del cordero, que los hebreos comían para terminar la cena. En efecto, si en la vigilia del paso del mar no se hubiera instituido el sacramento del cordero pascual, el Israel de las generaciones futuras no habría tenido modo de participar en la redención de aquel suceso único, que habría quedado confinado dentro de sus propias coordenadas de espacio y tiempo.

Dentro de este encuadre teológico, Jesús instituyó la nueva pascua, que prolonga y lleva a plenitud la dinámica sacramental de la comunión en el antiguo cordero pascual.

LAS NARRACIONES DE LA INSTITUCIÓN Y LAS PALABRAS DE JESÚS

Leemos en el evangelio de Lucas: «Después [Jesús] tomó pan, dio gracias, lo partió y se lo dio diciendo: 'Esto es mi cuerpo que se entrega por vosotros; haced esto en memoria mía'. Y después de la cena hizo lo mismo con la copa diciendo: 'Esta es la copa de la nueva alianza sellada con mi sangre, que se derrama por vosotros'» (Lc 22, 19-20; cf. 1 Cor 11, 23-25).

Estas palabras, con ligeras variantes, son las que el presbítero continúa proclamando en cada una de nuestras celebraciones eucarísticas.

Mientras que los relatos de Lucas y de Pablo citan únicamente la expresión «pronunció la acción de gracias», Mateo y Marcos presentan a Jesús actuando de forma distinta en sus respectivas narraciones de la institución. En efecto, estos, aunque mantienen la frase «pronunció la acción de gracias» en el momento de la institución del cáliz, introducen las palabras de la institución del pan diciendo que «pronunció la bendición» (cf. Mt 26, 26-28; Mc 14, 22-24). Se trata de dos expresiones equivalentes, en el sentido de que «pronunciar la acción de gracias» se entiende como una variante cristiana de «pronunciar la bendición». Esta última expresión representa el rasgo más típico de la liturgia judía, y se encuentra en todas las fórmulas de oración tanto oficial como privada.

Veamos ahora con detenimiento el sentido de la expresión «*pronunciar la bendición*». Todos los judíos están obligados a elevar una bendición específica a Dios siempre que se disponen a tomar cualquier alimento. Al instituir la eucaristía bajo el signo del pan, Jesús, como buen hebreo, pronunció la siguiente bendición al comienzo de la cena: «Bendito eres Tú, Señor Dios nuestro, rey del mundo, que haces salir el pan de la tierra». De igual modo, al instituir la eucaristía con el signo del vino, Jesús pronunció la siguiente bendición como clausura de la comida: «Bendito eres Tú, Señor Dios nuestro, rey del mundo, creador del fruto de la vid».

De manera que la expresión «bendecir», tal como aparece en las narraciones de la institución de la eucaristía, en realidad no significa que Jesús bendijera el pan y el vino, sino que bendijo *a Dios* por el don del pan y del vino. Precisamente para evitar esta ambigüedad preferimos suavizar el uso absoluto del verbo, «bendijo», con la perífrasis «pronunció la bendición». Por consiguiente, resulta totalmente apropiado que la expresión latina «*gratias agens benedixit*», que se encuentra tanto en el Canon romano como en la Plegaria eucarística III, se traduzca así: «Te dio gracias con la plegaria de bendición».

Concentrémonos ahora en aquellas palabras mediante las cuales Jesús instituyó la eucaristía. Solemos interpretarlas en clave de teología exclusivamente estática, como si pretendieran ser una demostración irrebatible de la presencia real. Veremos, sin embargo, que adquieren un aire y una profundidad salvífica incomparablemente mayores si volvemos a leerlas en clave de teología dinámica.

Nos servirá de guía Pablo cuando, escribiendo a la comunidad cristiana de Corinto, se pregunta: «El cáliz de bendición que bendecimos ¿no nos hace entrar en comunión con la sangre de Cristo? Y el pan que partimos ¿no nos hace entrar en comunión con el cuerpo de Cristo?» (1 Cor 10, 16). Con estos dos fuertes interrogantes –ciertamente de carácter retórico, como medio estilístico para afirmar con energía una verdad–, el apóstol enseña que el pan y el cáliz eucarísticos nos ponen en comunión con el misterio de Cristo muerto y resucitado.

De esta forma, cuando dice: «Esto es mi cuerpo que por vosotros [va a ser hecho pedazos]... Esta copa es la nueva alianza en mi sangre» (1 Cor 11, 24-25), Jesús establece una relación de íntima comunicación y real participación entre nosotros, que nos disponemos a recibir la comunión, y el acontecimiento de su muerte y resurrección. En la mediación del signo del pan y del cáliz, entregado antes de la pasión, anuncia proféticamente y realiza salvíficamente el misterio de su muerte vicaria.

Al instituir la eucaristía y al comulgar él mismo el primero –de acuerdo con la opinión común de los Padres de la Iglesia, compartida también por Tomás de Aquino y que se mantuvo hasta el siglo XVI–, Jesús entra proféticamente en comunión con su muerte y resurrección en los signos del pan y del vino. Al pronunciar las palabras de la institución sobre el pan y sobre el cáliz, aunque físicamente se encuentre todavía en el cenáculo, místicamente, es decir, en la eficacia del signo profético y por tanto realmente, ya ha entrado en la muerte del Calvario y ha resurgido del sepulcro. Por su parte, la comunidad del cenáculo, participando en ese primer pan partido y bebiendo de ese primer cáliz, ya ha sido sepultada en la muerte de Cristo en su condición de esclavitud y, al mismo tiempo, ya ha resucitado en su resurrección a la condición de servicio relacional.

Mediante su prefiguración única, irrepetible, la última cena está ordenada con todo su peso teológico al futuro inmediato, que ella salvíficamente preanuncia y proféticamente cumple.

Comulgar al verdadero Cordero

Sin embargo, dada nuestra condición existencial, esa única experiencia de salvación no nos basta. Aunque el acontecimiento de la muerte y resurrección del Señor constituya la plenitud de la redención, parece como si no fuera suficiente para nosotros. Condicionados como estamos por la fragilidad humana, necesitamos implicaciones salvíficas siempre nuevas, ritmadas por la toma de conciencia de nuestro pecado y de nuestras continuas huidas.

Por eso, «en el día que llaman del Sol», como escribe san Justino, nos congregamos «en un mismo lugar»[2]. La epíclesis de la Plegaria eucarística precisa que nos reunimos para pedir a Dios Padre que, en virtud de nuestra comunión en el *cuerpo sacramental*, nos transforme en el único *cuerpo eclesial*. Así pues, ha sido por nosotros, Iglesia de las generaciones, por quienes Jesús instituyó la eucaristía y en el cenáculo dio a la comunidad apostólica este preciso mandato: «Haced esto en memoria mía».

¿Qué ha querido decir Jesús con estas palabras? Parafraséandolas, podemos entenderlas así: «Repetid ritualmente el signo del pan y del cáliz que os he dado en esta víspera de mi pasión. Comed este pan y bebed este vino que, mediante el ministerio de los presbíteros, os pondrán en comunión con mi cuerpo que va a ser entregado y con mi sangre que va a ser derramada mañana en el Calvario».

---

2. Justino, *Apología* I, 67, 3.

Esta exégesis litúrgica del mandato de Jesús se ve confirmada con plena autoridad en el comentario personal de Pablo que, después de haber transmitido a los cristianos de Corinto lo que él mismo había recibido del Señor, inmediatamente añade: «Así pues, siempre que coméis de este pan y bebéis de este cáliz, anunciáis la muerte del Señor hasta que él venga» (1 Cor 11, 26). Naturalmente, anunciar la muerte del Señor significa anunciar también su resurrección, como se hace explícito en las anámnesis de todas las Plegarias eucarísticas.

Igual que la cena pascual hebrea no era ni es la rememoración psicológica de la liberación de Israel de Egipto, así tampoco la eucaristía puede ser concebida como un simple recuerdo. Cuando tratamos de la eucaristía no podemos contentarnos con interpretaciones superficiales.

Al igual que el antiguo Israel vio en la expresión «este día será para vosotros memorial… perpetuo para todas las generaciones» (Ex 12, 14) la orden divina de repetirlo, que inauguraba y fundaba la celebración anual de la pascua, de la misma manera el nuevo Israel, en el «haced esto [el signo del pan y del cáliz] en memoria de mí [muerto y resucitado]» (1 Cor 11, 24.25), ha visto el mandato del Señor de repetirlo que dispone e inaugura la serie ininterrumpida de celebraciones de la eucaristía. En paralelo con el futuro inmediato, que mediante una prefiguración única e irrepetible –al estar dada en aquella situación concreta– concierne a la comunidad del cenáculo, de este modo se perfila un futuro lejano, que mediante una prefiguración litúrgica –y por consiguiente destinada a ser repetida– concierne a la comunidad de las futuras generaciones, es decir, a la Iglesia.

Las nociones que se expresan mediante los términos *memorial, representación, comunión,* se corresponden perfectamente y significan nuestra implicación real y salvífica en el acontecimiento fundador, tanto en el paso del mar como en la muerte-resurrección del Señor. De hecho, lo que la exhortación de Rabí Gamaliel dice para la celebración anual de la pascua hebrea, el comentario personal de Pablo continúa diciéndolo para cada celebración de la eucaristía.

Si Jesús no hubiera instituido la eucaristía, el acontecimiento de su muerte y resurrección habría quedado circunscrito a aquellas coordenadas suyas de espacio y de tiempo y, por consiguiente, la Iglesia de las generaciones sucesivas –como la que formamos hoy nosotros– no habría tenido modo de volver a sumergirse salvíficamente en él. Pero, por la inefable gracia divina, no ha sido así.

La celebración de la eucaristía es, por tanto, en sumo grado y simultáneamente, nuestro Calvario y nuestra Pascua. Mediante el bautismo hemos sido sumergidos de una vez para siempre en la muerte-resurrección del Señor, pero no por eso hemos llegado ya a la perfección. Seguimos estando todavía dispersos, todavía seguimos adhiriéndonos con nostalgia a los faraones de turno que encontramos diariamente en nuestro camino, es decir, nuestros egoísmos, la búsqueda exasperada de la riqueza, del poder, del prestigio, de la fama, de la autorrealización más allá de cualquier límite y norma. Por esto, teológicamente se impone la vuelta al Calvario.

Somos conscientes de que no se puede pensar ni en un retorno físico al Gólgota en la tarde del primer viernes santo junto a la madre de Jesús, Juan y las piadosas mujeres, ni en un retorno a la tumba del resucitado con María Magdalena al alba de aquel primer domingo. Sabemos perfectamente que no es posible pedir a los judíos que condenen una vez más a Jesús ni pedir al Padre que lo resucite de nuevo. Celebrando la eucaristía, recibiendo la comunión cada domingo o cada jornada, nos acercamos al Calvario y al sepulcro vacío: no lo hacemos físicamente, sino en el *memorial*, es decir, por medio de la repetición ritual del signo profético del pan y del cáliz, por medio de una acción figurativa, sacramental y, por lo mismo, absolutamente real.

Por eso tenemos que hablar no tanto de una nueva presentación del acontecimiento fundador para nosotros, sino de *nuestra presentación de nuevo en el acontecimiento fundador*. Elevado a eterno presente, el acontecimiento del Calvario y de la tumba vacía no se mueve. Somos nosotros quienes, mediante la dinámica sacramental, nos movemos realmente para ser de nuevo presentados salvíficamente en él.

A la comunidad reunida para celebrar la eucaristía el presbítero podría dirigirle una monición al estilo de la de Gamaliel, que todavía hoy el padre de familia hebreo dirige a la comunidad familiar reunida para celebrar la Pascua. Esa monición podría formularse con estas o parecidas palabras:

De generación en generación, cada uno de nosotros está obligado a verse a sí mismo, con el ojo penetrante de la fe, como si se encontrara precisamente allí, en el Calvario en el primer viernes santo y ante la tumba vacía en la mañana del domingo de resurrección. Pues en verdad no solo nuestros padres en la fe estuvieron allí, sino que todos nosotros, los que nos encontramos hoy aquí reunidos para celebrar la eucaristía, estábamos allí con ellos, dispuestos a morir en la muerte de Cristo y a resucitar en su resurrección. Nuestra comunión en el cuerpo sacramental del verdadero Cordero será la que nos hará presentes en aquel eterno presente.

Celebrar la eucaristía –o mejor, como sugiere Juan Crisóstomo, «concelebrarla» con el presbítero en virtud del sacerdocio común[3]– quiere decir comulgar al Viviente, que se nos entrega en el signo del cuerpo exánime, para permitirnos ser de nuevo presentados sacramentalmente en la eficacia redentora del sacrificio único.

De aquí se deriva que hemos de sentirnos *teológicamente en camino* cada vez que nos acercamos a la comunión. Debemos acostumbrarnos a percibir cada vez más y mejor el intenso movimiento de nuestros «pies teológicos». Mientras nuestros pies físicos siguen manteniéndonos en la iglesia, los pies de la fe eucarística nos llevan precisamente allí, al monte Calvario, para sumergirnos una vez más en la muerte del Señor Jesús; justamente allí, delante de la tumba vacía del Resucitado, para hacernos resucitar otra vez

---

3. Cf. Juan Crisóstomo, *Decimoctava homilía sobre la segunda Carta a los corintios*, 3.

más con él a una existencia relacional siempre nueva, dado que nuestra misa es todo el Calvario, es todo el fulgor de la mañana de Pascua. Allí es adonde vamos cada vez que acudimos a misa, o sea –para decirlo con Teodoro de Mopsuestia–, cada vez que «hacemos el memorial del sacrificio»[4].

4. Teodoro de Mopsuestia, *Segunda homilía sobre la misa*, 3.

APÉNDICE

PLEGARIAS EUCARÍSTICAS DE ORIENTE Y OCCIDENTE

Ofrecemos a continuación algunos textos ilustrativos a los que hace referencia Cesare Giraudo en esta obra. El lector podrá acceder así a una muestra del casi centenar de plegarias eucarísticas con que los cristianos de los distintos ritos litúrgicos, occidentales y orientales, han celebrado y celebran la misma fe en ámbitos culturales muy diversos, con su propia historia, teología y espiritualidad. De este modo será posible apreciar la riqueza que atesora la Iglesia en la liturgia de la eucaristía.

El primer texto está tomado de la *Apología* I, 65-57, de san Justino, donde encontramos uno de los primeros y más interesantes testimonios sobre el modo de celebrar la eucaristía en los inicios del cristianismo.

Entre las plegarias eucarísticas orientales[1], también llamadas *anáforas*, hemos escogido tres. La *anáfora de Santiago* procede de Jerusalén y es una de las más antiguas que existen; atribuida a Santiago, el «hermano del Señor» (Gal 1, 19), que presidía esa comunidad, se difundió mucho por todo Oriente. La *anáfora bizantina de san Basilio* es la base de la actual plegaria IV del rito romano. Y finalmente la primitiva *anáfora alejandrina o egipcia de san Basilio* que, a pesar del nombre, no guarda relación con la anterior.

En cuanto a las plegarias eucarísticas occidentales, ofrecemos las tres primeras del rito romano. La primera o *Canon*

1. Cf. V. Martín Pindado - J. M. Sánchez Caro, *La gran oración eucarística. Textos de ayer y de hoy*, Madrid 1969, para la traducción de las anáforas. Para las partes invariables de la anáfora hispano-mozárabe, cf. *Ordinario de la Misa del Rito Hispano-Mozárabe. Oferencio*, Conferencia Episcopal Española - Arzobispado de Toledo 1991. Abreviaturas: P. = Pueblo; S. = Sacerdote; D. = Diácono.

Romano, que es la tradicional, fue retocada en la reforma litúrgica del concilio Vaticano II. Las otras dos fueron elaboradas en esa misma reforma: la Plegaria II, la más breve y sencilla, se inspira en la que aparece en la *Traditio Apostolica*, una de las fuentes litúrgicas más interesantes del siglo III y atribuida a Hipólito de Roma; y la Plegaria III contiene alusiones a plegarias de diversas procedencias.

Incluimos también una plegaria del rito propio de España, el *hispano-mozárabe*. Así como en las plegarias del rito romano el prefacio es variable, en este rito hay otras partes variables: la oración que sigue al *sanctus* y la que sigue al relato de la institución; hemos escogido las correspondientes al lunes de Pascua, en las que se combina la confesión de fe y la intercesión, y donde encontraremos varios paralelismos con el Canon Romano.

TESTIMONIO
DE SAN JUSTINO

[Eucaristía después del Bautismo]

Después de así lavado el que ha creído y se ha incorporado a nosotros, lo llevamos a los llamados hermanos, allí donde están reunidos, para elevar fervorosamente oraciones en común por nosotros mismos, por el que acaba de ser iluminado, y por todos los demás esparcidos por el mundo entero, suplicando se nos conceda, ya que hemos conocido la verdad, ser hallados por nuestras obras hombres de buena conducta y cumplidores de lo que se nos ha mandado, de suerte que podamos conseguir la vida eterna.

Terminadas las preces, nos damos el beso de paz.

Luego, al que preside entre los hermanos, se le ofrece pan y una copa de agua y de vino mezclado con agua, y, tomándolos, él tributa alabanzas y gloria al Padre del Universo, por el nombre de su Hijo y por el Espíritu Santo, y pronuncia una larga eucaristía, por habernos concedido esos dones que de él nos vienen.

Y cuando el Presidente ha terminado las preces y la eucaristía, todo el pueblo presente aclama diciendo: «Amén». «Amén» en hebreo quiere decir «así sea».

Y una vez que el Presidente ha pronunciado la eucaristía y que todo el pueblo ha aclamado, los que entre nosotros se llaman diáconos dan a cada asistente parte del pan y del vino y agua eucaristizados, y lo llevan también a los ausentes.

[El pan y el vino eucaristizados]

Este alimento se llama entre nosotros «Eucaristía». Nadie puede lícitamente participar de ella, a no ser los que creen que nuestras enseñanzas son verdaderas, y se han lavado en el baño que da la remisión de los pecados y la regeneración, y además viven conforme a lo que Cristo nos enseñó.

Porque nosotros no tomamos estas cosas como si fueran un pan común o una bebida ordinaria. Al contrario, se nos ha enseñado que, del mismo modo que Jesucristo, nuestro Salvador, encarnado en virtud del Verbo de Dios, tomó carne por causa de nuestra salvación, así, en virtud de la oración de palabras que procede de él, el alimento eucaristizado, del que se nutren nuestra carne y nuestra sangre de acuerdo con nuestra transformación, es la carne y la sangre de aquel mismo Jesús encarnado.

Pues los Apóstoles, en las *Memorias* que dejaron escritas, llamadas *Evangelios*, nos transmitieron lo que a ellos les había sido encomendado de este modo:

> que Jesús, tomando pan
> y pronunciando la eucaristía, dijo:
> «Haced esto en memorial mío, esto es mi cuerpo»;
> y que, igualmente, tomando el cáliz
> y pronunciando la eucaristía, dijo:
> «Esta es mi sangre»;
> y que sólo a ellos les dio parte.

Por cierto, que los perversos demonios enseñaron que se hiciera también esto, a modo de imitación, en los misterios de Mitra; pues, como sabéis, y si no, podéis informaros de ello, en los ritos de un nuevo iniciado suyo se presenta pan y un vaso de agua con ciertas fórmulas.

[Eucaristia dominical]

Tras esta primera iniciación, traemos sin cesar a la memoria estas cosas entre nosotros, y los que tenemos bienes, socorremos a los necesitados, y estamos siempre unidos unos con otros.

Y por todo lo que comemos bendecimos siempre al Hacedor de todas las cosas, por su Hijo Jesucristo y por el Espíritu Santo.

El día que se llama *del Sol*, se celebra una reunión de todos los que habitan en las ciudades y en los campos. Allí se leen, en cuanto el tiempo lo permite, las *Memorias* de los Apóstoles o los escritos de los Profetas. Cuando el lector termina, el Presidente, de palabra, hace una exhortación e invitación a que imitemos estos bellos ejemplos.

Seguidamente, nos levantamos todos a una y elevamos nuestras plegarias; cuando se terminan, como ya dijimos, se ofrece pan y vino y agua, y el Presidente, según sus fuerzas, eleva igualmente a Dios sus plegarias y eucaristías, y todo el pueblo aclama diciendo: «Amén».

Viene a continuación la distribución y participación de los alimentos eucaristizados y su envío, por medio de los diáconos, a los ausentes.

Los que tienen bienes, y quieren, cada uno según su libre determinación, dan lo que bien les parece; y lo recogido se entrega al Presidente y él socorre con ello a huérfanos y viudas, a los que por enfermedad o por otra causa están necesitados, a los que están en las cárceles, a los forasteros de paso. En una palabra, él se constituye en provisor de cuantos se hallan en necesidad.

Celebramos esta reunión el día del Sol por ser el día primero, en el cual Dios, transformando las tinieblas y la materia, hizo el mundo; y también por ser el día en que Jesucristo, nuestro Salvador, resucitó de entre los muertos. Pues lo crucificaron el día antes del *de Saturno*; y el día siguiente al *de Saturno*, que es el día *del Sol*, apareciéndose a sus apóstoles y discípulos, nos enseñó estas mismas cosas que nosotros os exponemos para vuestro examen.

ANÁFORA GRIEGA
DE SANTIAGO

S. La caridad de Dios Padre, la gracia del Señor Jesucristo, Dios y salvador nuestro, y la comunicación y el don del Espíritu Santo sean con todos vosotros.
P. Y con tu espíritu.
S. Levantemos el espíritu y los corazones.
P. Los tenemos levantados hacia el Señor.
S. Demos gracias al Señor.
P. Es justo y necesario.

[Acción de gracias I. Creación]

S. Realmente es justo y necesario, es nuestro deber y salvación alabarte, celebrarte en himnos, bendecirte, adorarte, glorificarte, darte gracias a Ti, creador de toda creatura, visible e invisible.

A Ti, caudal de los bienes eternos, fuente de vida e inmortalidad, Dios y Señor de todas las cosas,

[Introducción al *Sanctus*]

a quien celebran con himnos los cielos, y los cielos de los cielos, con todas sus potencias, el sol, la luna y el coro de las estrellas, la tierra, el mar y cuanto en ellos hay, la Jerusalén celestial, la asamblea en fiesta de los elegidos, la Iglesia de los primogénitos, cuyos nombres están escritos en los cielos, los espíritus de los justos y profetas, las almas de los mártires y apóstoles, los ángeles y arcángeles, los tronos, las dominaciones, los principados y potestades, las terribles virtudes, los querubines de innumerables ojos, los serafines de seis alas, que con dos se cubren el rostro, con dos los pies y con las otras dos vuelan.

Todos claman a coro y en diálogo con voces que no callan, con incesantes divinas palabras, con voces sonoras, que cantan el himno de triunfo de tu magnífica gloria, aclaman, glorifican y pregonan a voz en grito:

[*Sanctus*]

Santo, Santo, Santo, Señor, Dios del Universo.
Llenos están el cielo y la tierra de tu gloria.
Hosanna en el cielo. Bendito el que ha venido y viene en el nombre del Señor. Hosanna en el cielo.

[Acción de gracias II. Redención]

Santo eres, Rey de los siglos, Señor, Dador de toda santidad.
Santo también tu único Hijo, Jesucristo, nuestro Señor, por quien has creado todas las cosas.
Y santo, santísimo es tu Espíritu Santo, que escudriña todas las cosas, aun las tuyas más profundas, Dios y Padre.
Santo eres, Todopoderoso, Creador, Temible, Dios bueno, Entrañable, Tú, que has querido mirar con particular simpatía a tu obra, y has hecho de la tierra al hombre, a tu imagen y semejanza.
Gratuitamente le diste las delicias del paraíso.

Y cuando él traspasó tu mandato y cayó, Tú, Dios bueno, no lo miraste de lado ni lo abandonaste; antes bien, como Padre entrañable le corregiste, le llamaste por la Ley, mediante los profetas le instruiste.

Y más tarde enviaste a la tierra a tu único Hijo, Jesucristo, nuestro Señor, para que él, con su venida, resucitase y renovase tu propia imagen.
Descendió de los cielos, se encarnó del Espíritu Santo y de María, la santa madre de Dios y siempre virgen.
Convivió entre los hombres, y todo lo dispuso para salvar a nuestra raza.

[Narración de la institución eucarística]

Cuando estaba a punto él, el sin pecado, de aceptar por nosotros los pecadores la muerte gloriosa y vivificante de la cruz, la misma noche en que era entregado, mejor, la noche en que él mismo se entregaba por la vida y salvación del mundo, tomó pan en sus santas y puras manos, inmaculadas e inmortales, levantó los ojos al cielo, te lo presentó, levantándolo hacia Ti, Dios y Padre, dio gracias, bendiciendo, te santificó, lo dio a sus santos y bienaventurados discípulos y apóstoles, y dijo:

Tomad, comed. Esto es mi cuerpo, partido por vosotros y distribuido para el perdón de los pecados.

P. Amén.

S. Del mismo modo, acabada la cena, tomó un cáliz y, mezclando en él agua y vino, levantó los ojos al cielo, te lo presentó, levantándolo hacia Ti, Dios y Padre, dio gracias, bendiciendo, te santificó, lo llenó del Espíritu Santo, lo dio a sus santos y bienaventurados discípulos y apóstoles, y dijo:

Bebed todos de él. Esta es mi sangre, sangre de la Nueva Alianza, derramada por vosotros y por muchos y distribuida para el perdón de los pecados.

P. Amén.

S. Haced esto en memorial mío, pues cuantas veces comáis este pan y bebáis de este cáliz, anunciáis la muerte del Hijo del hombre y proclamáis su resurrección hasta que él venga.

D. Lo creemos y lo confesamos.

P. Anunciamos tu muerte, Señor, proclamamos tu resurrección.

[Anámnesis]

Por eso, nosotros, pecadores, celebramos el memorial de sus sufrimientos vivificantes, de su cruz salvadora y de su muerte y sepultura, de su resurrección de entre los muertos al tercer día, de su retorno a los cielos, de su instauración en el trono a tu derecha, Dios y Padre suyo, y de su segunda gloriosa y terrible parusía, cuando venga con gloria a juzgar a los vivos y a los muertos, a retribuir a cada uno según sus obras –ten piedad de nosotros, Señor, Dios nuestro *(tres veces)*–, o mejor, según las entrañas de su misericordia, y te ofrecemos a Ti, Señor, este tremendo e incruento sacrificio, suplicándote que no nos trates según nuestros pecados, ni nos retribuyas según nuestras infidelidades, sino según tu bondad y tu inefable benevolencia para con los hombres, abrogando y borrando el acta que nos acusa.

Te suplicamos también que nos concedas tus dones celestes y eternos, los dones que ni el ojo vio, ni el oído oyó, ni han asomado nunca al corazón del hombre, los que Tú, oh Dios, tienes preparados para aquellos que te aman. No niegues a tu pueblo lo que pide, ni a causa mía, ni a causa de mis pecados –oh Señor, amigo de los hombres *(tres veces)*–, que son tu pueblo y tu Iglesia quienes te imploran:

P. Ten piedad de nosotros, Señor, Dios Padre Todopoderoso.

[Epíclesis]

S. Ten piedad de nosotros, Dios y Salvador nuestro.

Ten piedad de nosotros, oh Dios, según tu gran misericordia, y envía sobre nosotros y sobre estos dones santos, que ante Ti presentamos, tu Espiritu Santísimo, Señor y Dador de vida, que condivide el trono contigo, Dios y Padre, y con tu unigénito Hijo, que reina con vosotros, consustancial y coeterno, que habló en la Ley y los Profetas y descendió en el tiempo de tu Nueva Alianza en forma de paloma sobre nuestro Señor Jesucristo en el río Jordán, y reposó sobre él; que descendió en forma de lenguas de fuego sobre tus santos apóstoles, en la habitación alta de la santa y gloriosa Sión en el día santo de Pentecostés.

Envía, Señor, este mismo Santísimo Espíritu sobre nosotros y sobre estos sagrados dones que te presentamos; que él los visite con su santa, buena y gloriosa presencia, los santifique y haga de este pan el cuerpo santo de Cristo...

P. Amén.

S. ... y de este cáliz, la sangre preciosa de Cristo...

P. Amén.

S. ... a fin de que aprovechen a todos los que de ellos participan, para perdón de los pecados y para la vida eterna, para santificación de las almas y de los cuerpos, para dar frutos de buenas obras, para confirmación de la santa Iglesia, católica y apostólica, a la cual fundaste sobre la roca de la fe: que las puertas del infierno no prevalezcan contra ella y sea librada por Ti de toda herejía y del escándalo de los obradores de iniquidad y de los enemigos que se han levantado y se levantan contra ella. Guárdala hasta la consumación de los siglos. Amén. *(Sólo el clero circundante).*

[Intercesiones]

Te presentamos también la ofrenda, Señor, por tus santos lugares, a los que Tú has llenado de gloria con la manifestación de tu Cristo y con la visitación de tu Espíritu Santísimo; en especial te rogamos por la santa y gloriosa Sión, madre de todas las iglesias, y por tu santa Iglesia, católica y apostólica, extendida por todo el universo.

Concédele en abundancia también ahora, Señor, los dones de tu Espíritu Santísimo.

[Siguen las intercesiones, muy largas, por vivos y difuntos].

Acuérdate, Señor, Dios de los espíritus de toda carne, de todos los que hemos recordado ante Ti, y de los que no hemos hecho mención y que se mantienen fieles a la verdad.

Hazles Tú mismo reposar en la tierra de los vivientes, en tu Reino,en las delicias del paraíso, en el seno de Abraham, Isaac y Jacob, nuestros santos padres, de donde huyeron el dolor y la tristeza y el gemido; allí donde vigila y resplandece constantemente la luz de tu rostro.

Dispón, Señor, cristianamente el fin de nuestra vida: que te sea grato, que sea en paz y sin pecado.

Congréganos a los pies de tus elegidos cuando quieras, como quieras, con tal que sea sin falta y sin delitos, por tu Hijo unigénito, Señor, Dios y Salvador nuestro Jesucristo, que es el único inocente que ha aparecido sobre la tierra.

[Se interpolan otras peticiones, acompañadas de las respuestas del pueblo].

[Doxología]

Por él, a nosotros y a ellos, Tú que eres un Dios bueno, Señor, y amigo de los hombres, absuelve nuestras ofensas, perdónalas y sé indulgente con ellas, con todas las que hemos cometido sin querer o queriendo, a sabiendas o sin saber, por la gracia y la misericordia y la benevolencia de tu Cristo, con el cual eres bendecido y glorificado en la unidad de tu Espíritu Santísimo, bueno y vivificante, ahora y siempre por los siglos de los siglos.

P. Amén.

ANÁFORA BIZANTINA
DE SAN BASILIO

S. La gracia de nuestro Señor Jesucristo, la caridad de Dios Padre y la comunicación del Espíritu Santo sean con vosotros.
P. Y con tu espíritu.
S. Levantemos los corazones.
P. Los tenemos levantados hacia el Señor.
S. Demos gracias al Señor.
P. Es justo y necesario.

[Acción de gracias I. Oración teológica]

S. Realmente es justo y necesario y conviene a la majestad de tu Nombre celebrarte en himnos, bendecirte, adorarte, darte gracias, glorificarte, a Ti, al que eres, Dueño de todo, Señor, Dios Padre Omnipotente, único Dios verdadero, y ofrecerte con corazón contrito y espíritu humillado esta liturgia nuestra espiritual.

Tú eres quien nos ha dado gratuitamente el conocimiento de la verdad.

¿Quién será capaz de narrar tus prodigios? ¿Quién de hacer oír todas tus alabanzas, o de referir tus maravillas en todo tiempo?

Señor, Dueño de todas las cosas, Señor del cielo, de la tierra y de toda creatura visible e invisible; Tú te sientas sobre un trono de gloria y escrutas los abismos.

Tú no tienes principio, eres invisible, incomprehensible, indescriptible, inmutable; Padre de nuestro Señor Jesucristo, del Dios grande y Salvador, esperanza nuestra.

Él es imagen de tu bondad, impronta igual a su modelo, manifestador del Padre, Palabra viviente, Dios verdadero, Sabiduría eterna, Vida, Santificación, Poder, Luz verdadera, de quien procede el Espíritu Santo, el Espíritu de la verdad, el don divino de la filiación, las arras de la herencia futura, las primicias de los bienes eternos, el poder vivificante, la fuente de la santificación.

[Introducción al *Sanctus*]

Por él toda creatura racional y espiritual encuentra fuerzas para rendirte culto y elevar hacia Ti la glorificación eterna, porque todas las cosas están a tu servicio.

A Ti te alaban los ángeles, los arcángeles, los tronos, los principados, las potestades, las virtudes y los querubines de seis alas, que con dos se cubren el rostro, con dos los pies y con dos vuelan, mientras claman alternativamente con bocas incesantes, con himnos divinos que no tienen fin, y cantan y proclaman y gritan el himno de triunfo:

[*Sanctus*]

Santo, Santo, Santo, Señor, Dios del Universo.
Llenos están el cielo y la tierra de tu gloria.
Hosanna en el cielo.
Bendito el que viene en nombre del Señor.
Hosanna en el cielo.

[Acción de gracias II. Historia de la salvación]

En comunión con estas potencias bienaventuradas, Señor, Amigo de los hombres, también nosotros, pecadores, proclamamos y decimos:

Realmente eres santo en todas tus obras, pues todo lo has dispuesto para nosotros en justicia y juicio verdadero:

Formaste al hombre del polvo de la tierra, lo pusiste en el paraíso de delicias y le prometiste inmortalidad de vida y goce de bienes eternos, si guardaba tus preceptos.

Mas cuando él te desobedeció a Ti, Dios verdadero, que le habías creado, cuando fue seducido por el engaño de la serpiente y se ganó la muerte por sus propias culpas, Tú, oh Dios, con toda justicia le echaste del paraíso a este mundo y le hiciste volver a la tierra de que había salido, mientras planeabas para él la salvación mediante un nuevo nacimiento en tu Cristo.

Porque Tú, Dios bueno, jamás rechazaste en verdad la imagen que habías modelado, jamás olvidaste la obra de tus manos.

De muchas maneras le visitaste, por tus entrañas de misericordia: enviaste los profetas, hiciste prodigios por medio de los santos, que en cada generación te habían sido agradables; por boca de estos siervos, tus profetas, nos hablaste, preanunciándonos la salvación que vendría.

Y, cuando llegó la plenitud de los tiempos, nos hablaste por tu mismo Hijo, por quien habías creado todos los siglos.

Y él, que es el esplendor de tu gloria y la imagen fiel de tu sustancia, el que sustenta todas las cosas con la fuerza de su palabra, no consideró codiciable tesoro el ser igual a Ti, Dios y Padre.

Y el que es Dios desde antes de todos los tiempos, se hizo visible en la tierra y convivió con los hombres.

Tomó carne de una virgen santa, se anonadó a sí mismo tomando la forma de siervo, y se hizo conforme al cuerpo de nuestra pequeñez, para hacernos a nosotros conformes a la imagen de su gloria.

Y así como por un hombre había entrado el pecado en el mundo, y por el pecado la muerte, agradó a tu único Hijo, que está en tu seno, Dios y Padre, nacer de una mujer, la santa madre de Dios y siempre virgen María, nacer bajo la ley y condenar el pecado en su carne, a fin de que nosotros, que estábamos muertos en Adán, consiguiéramos la vida en tu mismo Cristo.

Se hizo ciudadano de este mundo, promulgó los preceptos de salvación y, tras apartarnos del extravío de los ídolos, nos condujo al conocimiento de Ti, Dios y Padre verdadero.

Para conquistarse un pueblo propio, sacerdocio real, nación santa, y purificarnos por el agua y santificarnos por el Espíritu Santo, se entregó a sí mismo a la muerte como rescate nuestro, pues a ella estábamos sometidos, vendidos por el pecado.

Descendió a los infiernos, pasando por la cruz, para llevar a cumplimiento todo por sí mismo, y desató los lazos de la muerte. Al tercer día resucitó, y, tras abrir a toda carne el camino de la resurrección de los muertos, como no era posible al autor de la vida ser dominado por la corrupción, vino a ser primicias de los que se habían dormido, Primogénito de entre los muertos, el Primero en todas las cosas.
Se sentó a la derecha de tu majestad en las alturas, y vendrá a retribuir a cada uno según sus obras.

[Narración de la institución eucarística]

Él nos dejó, en memorial de su pasión salvadora, las cosas que te presentamos según su mandato:

Porque, cuando estaba a punto de ir a la muerte voluntaria, muerte digna de ser cantada y portadora de vida, la noche en que se entregó a sí mismo para la vida del mundo, tomó pan en sus santas y puras manos y, mostrándotelo a Ti, Dios y Padre, dio gracias bendiciendo, te santificó, lo partió y lo dio a sus santos discípulos y apóstoles diciendo:

> Tomad, comed.
> Esto es mi cuerpo,
> partido por vosotros para el perdón de los pecados.

Del mismo modo, acabada la cena, tomó el cáliz con el zumo de la vid, lo mezcló con agua, dio gracias bendiciendo, te santificó y lo dio de nuevo a sus santos discípulos y apóstoles diciendo:

> Bebed todos de él.
> Esta es mi sangre,
> derramada por vosotros y por muchos
> para el perdón de los pecados.

Haced esto en memorial mío. Cuantas veces comáis este pan y bebáis de este cáliz anunciáis mi muerte y proclamáis mi resurrección.

[Anámnesis]

Así pues, Señor, al celebrar el memorial de su pasión salvadora, de su cruz vivificante, de su sepultura de tres días, de su resurrección de entre los muertos, de su retorno a los cielos, de su instauración en el trono a tu derecha, Dios y Padre, y de su gloriosa y terrible segunda parusía, te ofrecemos lo que es tuyo de entre lo que es tuyo, en todo y por todo.

P.   Te alabamos, te bendecimos, te damos gracias, Señor, te invocamos, Dios nuestro.

[Epíclesis]

S.   Por todo esto, Señor, Santísimo, también nosotros, pecadores e indignos siervos tuyos, a quienes has juzgado dignos de servir en tu santo altar, no por nuestra justicia, pues nada bueno hemos hecho sobre la tierra, sino por la misericordia y benevolencia que Tú has derramado abundantemente sobre nosotros, nos acercamos confiados a tu santo altar.

Ponemos ante Ti los símbolos del santo cuerpo y la sangre de tu Cristo, y te rogamos e invocamos, Santo de los santos, por tu complaciente bondad, que venga el Espíritu Santo sobre nosotros y sobre estos dones presentados:

que él los bendiga y santifique, y ponga de manifiesto que este pan es el cuerpo mismo del Señor, Dios y Salvador nuestro, Jesucristo. Amén.

Y que este cáliz es la misma preciosa sangre del Señor, Dios y Salvador nuestro, Jesucristo. Amén.

La cual es derramada para la vida del mundo. Amén.

Y a todos nosotros, que participamos de un solo pan y de un solo cáliz, únenos los unos a los otros en la comunicación del único Espíritu Santo.

Que nuestra participación en el santo cuerpo y en la santa sangre de tu Cristo nunca sea en nosotros para juicio y condenación, antes bien, que encontremos piedad y gracia en unión con todos los santos que te han agradado a lo largo de los siglos:

[Intercesiones]

con los antepasados, los padres, los patriarcas, con los profetas, los apóstoles, los predicadores, los evangelistas, los mártires, los confesores, con los doctores y todas las almas justas que murieron en la fe.

Especialmente con la santísima, pura y bendita por excelencia, nuestra Señora, la madre de Dios y siempre virgen María.

[Siguen las intercesiones, muy largas].

[Doxología]

Y concédenos que con una sola voz y un solo corazón glorifiquemos y alabemos tu glorioso y magnífico Nombre, Padre, Hijo y Espíritu Santo, ahora y siempre y por los siglos de los siglos.

P. Amén.

ANÁFORA ALEJANDRINA
O EGIPCIA DE SAN BASILIO

S. El Señor esté con todos vosotros.

P. Y con tu espíritu.

S. Levantemos los corazones.

P. Los tenemos levantados hacia el Señor.

S. Demos gracias al Señor.

P. Es justo y necesario.
   Es justo y necesario. Realmente es justo y necesario[1].

[Acción de gracias I. Oración teológica. Creación]

S. El que eres, Dominador, Señor, el Dios de la verdad, que existes antes de todos los siglos y reinas por los siglos, que habitas en las alturas y te dignas mirar las cosas pequeñas.

   Tú creaste el cielo y la tierra y el mar y cuanto en ellos hay, Padre del Señor, Dios y Salvador nuestro, Jesucristo, por quien hiciste todo, lo visible y lo invisible.

   Tú te sientas sobre el trono de tu santa gloria y eres adorado por todas las santas potencias.

D. *Poneos en pie.*

[Introducción al *Sanctus*]

S. Ante Ti asisten los ángeles y los arcángeles, los principados y potestades, los tronos, las dominaciones y las virtudes.

D. *Mirad hacia el Oriente.*

---

1. El texto de esta anáfora se remonta a los años finales del siglo III o inicios del IV. En cursiva se señalan las frases posteriores al siglo VII.

S. En derredor tuyo están los querubines de muchos ojos, los serafines de seis alas, que te cantan himnos sin descanso y claman y dicen:

[*Sanctus*]

Santo, Santo, Santo, Señor, Dios del Universo.
Llenos están el cielo y la tierra de tu gloria.
Hosanna en el cielo.
Bendito el que viene en nombre del Señor.
Hosanna en el cielo.

[Acción de gracias II. Historia de la salvación]

Santo, Santo, Santo eres en verdad, Señor Dios nuestro: Tú nos modelaste y nos colocaste en el paraíso de delicias.

Y cuando, engañados por la serpiente, violamos tu mandato y nos alejamos de la vida eterna y fuimos expulsados del paraíso de delicias, no nos rechazaste para siempre; antes bien, continuamente procuraste nuestra ayuda visitándonos por medio de tus santos profetas.

Y en estos últimos días, a los que estábamos sentados en tinieblas y en sombras de muerte nos has iluminado por tu unigénito Hijo, el Señor, Dios y Salvador nuestro, Jesucristo.

Él se encarnó y se hizo hombre del Espíritu Santo y de la santa Virgen María.

Nos mostró los caminos de la salvación y nos dio gratuitamente la regeneración de lo alto por el agua y el espíritu.

Hizo de nosotros su propio pueblo, nos santificó con el Espíritu Santo.

Y, porque amaba a los suyos, que estaban en el mundo, se entregó a sí mismo, como rescate, a la muerte, que reinaba sobre nosotros, a la cual estábamos sometidos, traicionados por el pecado.

Pasando por la cruz, descendió a los infiernos, y resucitó al tercer día de entre los muertos.

Subió luego a los cielos y se sentó a la derecha de su Padre, fijando el día de la recompensa, día en que se manifestará para juzgar al universo en justicia y retribuir a cada uno según sus obras.

P. *Según tu misericordia, oh Dios, y no según nuestros pecados.*

[Narración de la institución eucarística]

S. Él nos dejó este gran sacramento de piedad:
porque, cuando iba a entregarse a sí mismo a la muerte para vida del mundo,

P. *Creemos.*

S. tomó pan *en sus santas, inmaculadas y puras manos*, levantó los ojos *a lo alto de los cielos*, hacia Ti, Padre suyo, Dios nuestro y Dios de todas las cosas; *dio gracias,*

P. *Amén.*

S. bendijo,

P. *Amén.*

S. te santificó,

P. *Amén.*

S. lo partió, lo dio a sus santos discípulos y apóstoles, y dijo:

> Tomad, comed. Esto es mi cuerpo,
> partido por vosotros y por muchos,
> para el perdón de los pecados.

Del mismo modo, acabada la cena, (tomó) el cáliz; tras haber mezclado agua y vino, dio gracias,

P. *Amén.*

S. bendijo,

P. *Amén.*

S. te santificó,

P. *Amén.*

S. *lo gustó,* lo dio de nuevo a sus santos discípulos y apóstoles y dijo:

Tomad, bebed todos de él.
Esta es mi sangre, *sangre de la Nueva Alianza,*
derramada por vosotros y por muchos,
para el perdón de los pecados.

Haced esto en memorial mío, pues cuantas veces comáis este pan, y bebáis de este cáliz, proclamáis mi
muerte y resurrección, *y confesáis mi ascensión* hasta
que yo vuelva.

P. *Amén, amén, amén.*
Tu muerte, Señor, anunciamos, y proclamamos tu santa
resurrección y ascensión.
Te alabamos, te glorificamos, te damos gracias, Señor,
y a Ti dirigimos nuestros ruegos, Dios nuestro.

[Anámnesis]

S. Así pues, celebramos el memorial de su santa pasión, de
su resurrección entre los muertos, de su ascensión a los
cielos, de su instauración en el trono a tu derecha, Dios
y Padre, y de la gloriosa y tremenda segunda Parusía,
y te ofrecemos, de tus mismos dones, lo que es tuyo,
siempre y en todo.

P. *Te alabamos, te bendecimos.*

D. *Inclinaos ante Dios con temor.*

[Epíclesis]

S. Te suplicamos y pedimos, *Amigo de los hombres, Dios*
bueno, Señor, nosotros, pecadores e indignos siervos tuyos, y te adoramos:
Con el beneplácito de tu bondad, venga tu Espíritu Santo sobre nosotros, tus siervos, y sobre estos dones presentados; los santifique y los haga santos entre lo santo.

D. *Estemos atentos.*

P. *Amén.*

S. *Y haga que este pan se convierta en el cuerpo santo del*
mismo Señor, Dios y Salvador nuestro, Jesucristo, para

el perdón de los pecados y para la vida eterna de todos cuantos de él participamos.

P. *Amén.*

S. *Y que este cáliz* (se *convierta*) *en la sangre preciosa* de la Nueva Alianza del mismo Señor, Dios y Salvador nuestro, Jesucristo, para el perdón de los pecados y para la vida eterna de todos cuantos de él participamos.

P. *Amén. Señor ten piedad.* (Tres veces).

S. Y júzganos dignos, Señor, de participar en tus santos misterios, para santificación del alma y del cuerpo *y del espíritu*, para que lleguemos a ser un cuerpo y un espíritu, y obtengamos parte *y heredad* con todos los santos que en el correr de los siglos te fueron agradables.

[Intercesiones]

S. Acuérdate, Señor, de tu santa Iglesia, única y apostólica: dale la paz, pues la salvaste con la sangre preciosa de tu Cristo.

Acuérdate, Señor, ante todo de nuestro santo Padre el Arzobispo «Abba» N., papa y patriarca de la gran ciudad de Alejandría: concédele, por tu gracia, presidir tus santas Iglesias en tu paz salvadora, apreciado por todos, en buena salud, lleno de días, dispensando rectamente la palabra de la verdad y apacentando tu grey en paz.

Acuérdate, Señor, de los presbíteros, fieles a la verdad, y de todo ministerio y servicio, de cuantos viven en virginidad y de todo tu pueblo fiel.

Acuérdate, Señor, de nosotros: al mismo tiempo y de una vez ten piedad de nosotros.

P. Ten piedad de nosotros, Dios, Padre omnipotente.

S. Ten piedad de nosotros,
Dios, Padre omnipotente. *(Tres veces).*

P. Señor, ten piedad. *(Tres veces).*

S. Acuérdate también, Señor, de la seguridad de nuestra ciudad, y de los fieles a Dios que la habitan.

Acuérdate, Señor, del buen tiempo, y de los frutos de la tierra. Acuérdate, Señor, de las lluvias y de los sembrados de la tierra. Acuérdate, Señor, de dar una adecuada crecida a los ríos.

Alegra también y renueva la faz de la tierra, empapa sus surcos, multiplica sus frutos, prepárala para la siembra y para la siega, y bendícenos ahora con tu bendición.

Gobierna nuestra vida; bendice la corona del año de tus bondades por los pobres de tu pueblo, por la viuda y el huérfano, por el extranjero y el prosélito y por todos nosotros, que esperamos en Ti e invocamos tu santo Nombre; porque los ojos de todos esperan en Ti y Tú les das su alimento en el tiempo oportuno.

Llena de gozo nuestros corazones, para que, teniendo en todo y siempre completa independencia, abundemos en toda obra buena y cumplamos tu santa voluntad.

P. Señor, ten piedad.

S. Acuérdate, Señor, de quienes te ofrecen estos preciosos dones y de aquellos por quienes te los trajeron: concédeles a todos un premio celestial, Señor, pues es tu Hijo unigénito quien nos ha mandado que tomemos parte en la memoria de tus santos.

Dígnate acordarte también, Señor, de todos los que te agradaron en el correr de los siglos: de los santos, los padres, los patriarcas, los apóstoles, los profetas, los predicadores, los evangelistas, los mártires, los confesores, y de todo espíritu justo, perfecto en la fe de Cristo.

Acuérdate ante todo de la santísima, gloriosísima, inmaculada y bendita Señora nuestra, madre de Dios y siempre virgen María; del glorioso profeta san Juan Bautista, precursor y mártir; de san Esteban, protodiácono y protomártir, y de nuestro santo y bienaventurado padre Marcos, apóstol y evangelista, y de nuestro santo padre Basilio el Taumaturgo, de san N., de quien hoy celebramos la memoria, y de todo el coro de tus santos.

Por sus súplicas e intercesiones apiádate de nosotros y sálvanos, por tu santo Nombre, que sobre nosotros invocamos.

D. *(Lee los dípticos)*.

S. Igualmente, acuérdate, Señor, de todos los que vivieron, sacerdotes o seglares, y que ya reposan: da a sus almas descanso en el seno de nuestros santos patriarcas Abraham, Isaac y Jacob.

Condúcelos y congrégalos en el lugar de la fresca hierba, junto al agua del descanso, en el paraíso de delicias de donde huye el dolor, la tristeza y el gemido, en el esplendor de tus santos;

a aquellos cuyas almas recibiste dales allí el descanso y júzgalos dignos del Reino de los cielos;

y a nosotros, los que aún peregrinamos en la tierra, consérvanos en tu fe y guíanos a tu Reino, haciéndonos en todo tiempo el regalo de tu paz.

[Doxología]

Para que en esto y en todo sea glorificado, exaltado, alabado, bendecido y santificado tu santísimo Nombre, glorioso y bendito, con Jesucristo y el Espíritu Santo.

P. Como era, es y será por generación de generación y por los siglos de los siglos. Amén.

PLEGARIA EUCARÍSTICA I
O CANON ROMANO

[Intercesiones I]

S. Padre misericordioso, te pedimos humildemente por Jesucristo, tu Hijo, nuestro Señor, que aceptes y bendigas estos dones, este sacrificio santo y puro que te ofrecemos, ante todo, por tu Iglesia santa y católica, para que le concedas la paz, la protejas, la congregues en la unidad y la gobiernes en el mundo entero, con tu servidor el Papa N., con nuestro Obispo N., y todos los demás Obispos que, fieles a la verdad, promueven la fe católica y apostólica.

Acuérdate, Señor, de tus hijos N. y N., y de todos los aquí reunidos, cuya fe y entrega bien conoces; por ellos y todos los suyos, por el perdón de sus pecados y la salvación que esperan, te ofrecemos, y ellos mismos te ofrecen, este sacrificio de alabanza, a ti, eterno Dios, vivo y verdadero.

Reunidos en comunión con toda la Iglesia [para celebrar el domingo, día en que Cristo ha vencido a la muerte y nos ha hecho partícipes de su vida inmortal], veneramos la memoria, ante todo, de la gloriosa siempre Virgen María, Madre de Jesucristo, nuestro Dios y Señor; la de su esposo, san José; la de los santos apóstoles y mártires Pedro y Pablo, Andrés, [Santiago y Juan, Tomás, Santiago, Felipe, Bartolomé, Mateo, Simón y Tadeo; Lino, Cleto, Clemente, Sixto, Cornelio, Cipriano, Lorenzo, Crisógono, Juan y Pablo, Cosme y Damián] y la de todos los santos; por sus méritos y oraciones concédenos en todo tu protección.

Acepta, Señor, en tu bondad, esta ofrenda de tus siervos y de toda tu familia santa; ordena en tu paz nuestros días, líbranos de la condenación eterna y cuéntanos entre tus elegidos.

[Epíclesis I]

Bendice y santifica, oh Padre, esta ofrenda, haciéndola perfecta, espiritual y digna de ti, de manera que sea para nosotros Cuerpo y Sangre de tu Hijo amado, Jesucristo, nuestro Señor.

[Narración de la institución eucarística]

El cual, la víspera de su Pasión, tomó pan en sus santas y venerables manos, y, elevando los ojos al cielo, hacia ti, Dios, Padre suyo todopoderoso, dando gracias te bendijo, lo partió, y lo dio a sus discípulos, diciendo:

Tomad y comed todos de él,
porque esto es mi Cuerpo,
que será entregado por vosotros.

Del mismo modo, acabada la cena, tomó este cáliz glorioso en sus santas y venerables manos, dando gracias te bendijo, y lo dio a sus discípulos, diciendo:

Tomad y bebed todos de él,
porque éste es el cáliz de mi Sangre,
Sangre de la alianza nueva y eterna,
que será derramada por vosotros y por todos los hombres
para el perdón de los pecados.
Haced esto en conmemoración mía.

[Aclamación]

Éste es el Sacramento de nuestra fe.

P.   Anunciamos tu muerte, proclamamos tu resurrección.
¡Ven, Señor Jesús!

[Anámnesis - Oblación]

S.   Por eso, Padre, nosotros, tus siervos, y todo tu pueblo santo, al celebrar este memorial de la muerte gloriosa de Jesucristo, tu Hijo, nuestro Señor; de su santa resurrección del lugar de los muertos y de su admirable ascensión a los cielos, te ofrecemos, Dios de gloria y majestad, de los mismos bienes que nos has dado, el sacrificio puro, inmaculado y santo: pan de vida eterna y cáliz de eterna salvación.

[Petición de aceptación del sacrificio - Epíclesis II]

Mira con ojos de bondad esta ofrenda y acéptala, como aceptaste los dones del justo Abel, el sacrificio de Abrahán, nuestro padre en la fe, y la oblación pura de tu sumo sacerdote Melquisedec.

Te pedimos humildemente, Dios todopoderoso, que esta ofrenda sea llevada a tu presencia, hasta el altar del cielo, por manos de tu ángel, para que cuantos recibimos el Cuerpo y la Sangre de tu Hijo, al participar aquí de este altar, seamos colmados de gracia y bendición.

[Intercesiones II]

Acuérdate también, Señor, de tus hijos que nos han precedido con el signo de la fe y duermen ya el sueño de la paz; a ellos, Señor, y a cuantos descansan en Cristo, concédeles el lugar del consuelo, de la luz y de la paz.

Y a nosotros, pecadores, siervos tuyos, que confiamos en tu infinita misericordia, admítenos en la asamblea de los santos apóstoles y mártires Juan el Bautista, Esteban, Matías y Bernabé, [Ignacio, Alejandro, Marcelino y Pedro, Felicidad y Perpetua, Águeda, Lucía, Inés, Cecilia, Anastasia,] y de todos los santos; y acéptanos en su compañía, no por nuestros méritos, sino conforme a tu bondad

[Doxología final]

Por Cristo, Señor nuestro, por quien sigues creando todos los bienes, los santificas, los llenas de vida, los bendices y los repartes entre nosotros.

Por Cristo, con él y en él, a ti, Dios Padre omnipotente, en la unidad del Espíritu Santo, todo honor y toda gloria por los siglos de los siglos.

P. Amén.

PLEGARIA EUCARÍSTICA II

[Diálogo]

S. El Señor esté con vosotros.
P. Y con tu espíritu.
S. Levantemos el corazón.
P. Lo tenemos levantado hacia el Señor.
S. Demos gracias al Señor, nuestro Dios.
P. Es justo y necesario.

[Acción de gracias - Prefacio]

S. En verdad es justo y necesario, es nuestro deber y salvación
darte gracias, Padre santo, siempre y en todo lugar, por Jesucristo, tu Hijo amado.
Por él, que es tu Palabra, hiciste todas las cosas; tú nos lo
enviaste para que, hecho hombre por obra del Espíritu Santo y nacido de María, la Virgen, fuera nuestro Salvador y
Redentor.
Él, en cumplimiento de tu voluntad, para destruir la muerte
y manifestar la resurrección, extendió sus brazos en la cruz,
y así adquirió para ti un pueblo santo.
Por eso, con los ángeles y los santos, proclamamos tu gloria, diciendo:

[Aclamación / *Sanctus*]

> Santo, Santo, Santo es el Señor, Dios del Universo.
> Llenos están el cielo y la tierra de tu gloria.
> Hosanna en el cielo.
> Bendito el que viene en nombre del Señor.
> Hosanna en el cielo.

[Epíclesis I]

Santo eres en verdad, Señor, fuente de toda santidad; por eso te pedimos que santifiques estos dones con la efusión de tu Espíritu, de manera que sean para nosotros Cuerpo y Sangre de Jesucristo, nuestro Señor.

[Narración de la institución eucarística]

El cual, cuando iba a ser entregado a su Pasión, voluntariamente aceptada, tomó pan, dándote gracias, lo partió y lo dio a sus discípulos, diciendo:

Tomad y comed todos de él,
porque esto es mi Cuerpo,
que será entregado por vosotros.

Del mismo modo, acabada la cena, tomó el cáliz, y, dándote gracias de nuevo, lo pasó a sus discípulos, diciendo:

Tomad y bebed todos de él,
porque éste es el cáliz de mi Sangre,
Sangre de la alianza nueva y eterna,
que será derramada por vosotros y por todos los hombres
para el perdón de los pecados.
Haced esto en conmemoración mía.

[Aclamación]

Éste es el Misterio de la fe.

P. Anunciamos tu muerte, proclamamos tu resurrección.
¡Ven, Señor Jesús!

[Anámnesis - Oblación]

S. Así, pues, Padre, al celebrar ahora el memorial de la muerte y resurrección de tu Hijo, te ofrecemos el pan de vida y el cáliz de salvación, y te damos gracias porque nos haces dignos de servirte en tu presencia.

[Epíclesis II]

Te pedimos humildemente que el Espíritu Santo congregue en la unidad a cuantos participamos del Cuerpo y Sangre de Cristo.

[Intercesiones]

Acuérdate, Señor, de tu Iglesia extendida por toda la tierra; y con el Papa N., con nuestro Obispo N. y todos los pastores que cuidan de tu pueblo, llévala a su perfección por la caridad.

Acuérdate también de nuestros hermanos que durmieron en la esperanza de la resurrección, y de todos los que han muerto en tu misericordia; admítelos a contemplar la luz de tu rostro.

Ten misericordia de todos nosotros, y así, con María, la Virgen Madre de Dios, los apóstoles y cuantos vivieron en tu amistad a través de los tiempos, merezcamos, por tu Hijo Jesucristo, compartir la vida eterna y cantar tus alabanzas.

[Doxología final]

Por Cristo, con él y en él, a ti, Dios Padre omnipotente, en la unidad del Espíritu Santo, todo honor y toda gloria por los siglos de los siglos.

P.   Amén.

PLEGARIA EUCARÍSTICA III

[Acción de gracias]

S. Santo eres en verdad, Padre, y con razón te alaban todas tus criaturas, ya que por Jesucristo, tu Hijo, Señor nuestro, con la fuerza del Espíritu Santo, das vida y santificas todo, y congregas a tu pueblo sin cesar, para que ofrezca en tu honor un sacrificio sin mancha desde donde sale el sol hasta el ocaso.

[Epíclesis I]

Por eso, Padre, te suplicamos que santifiques por el mismo Espíritu estos dones que hemos separado para ti, de manera que sean Cuerpo y Sangre de Jesucristo, Hijo tuyo y Señor nuestro, que nos mandó celebrar estos misterios.

[Narración de la institución eucarística]

Porque él mismo, la noche en que iba a ser entregado, tomó pan, y dando gracias te bendijo, lo partió y lo dio a sus discípulos, diciendo:
Tomad y comed todos de él, porque esto es mi Cuerpo, que será entregado por vosotros.
Del mismo modo, acabada la cena, tomó el cáliz, dando gracias te bendijo, y lo pasó a sus discípulos, diciendo:
Tomad y bebed todos de él, porque éste es el cáliz de mi Sangre, Sangre de la alianza nueva y eterna, que será derramada por vosotros y por todos los hombres para el perdón de los pecados.
Haced esto en conmemoración mía.

[Aclamación]

Aclamad el Misterio de la redención.

P. Cada vez que comemos de este pan y bebemos de este cáliz, anunciamos tu muerte, Señor, hasta que vuelvas.

[Anámnesis - Oblación]

S. Así, pues, Padre, al celebrar ahora el memorial de la pasión salvadora de tu Hijo, de su admirable resurrección y ascensión al cielo, mientras esperamos su venida gloriosa, te ofrecemos, en esta acción de gracias, el sacrificio vivo y santo.

[Epíclesis II]

Dirige tu mirada sobre la ofrenda de tu Iglesia, y reconoce en ella la Víctima por cuya inmolación quisiste devolvernos tu amistad, para que, fortalecidos con el Cuerpo y la Sangre de tu Hijo y llenos de su Espíritu Santo, formemos en Cristo un solo cuerpo y un solo espíritu.

[Intercesiones]

Que él nos transforme en ofrenda permanente, para que gocemos de tu heredad junto con tus elegidos: con María, la Virgen Madre de Dios, los apóstoles y los mártires, [san N.: santo del día o patrono] y todos los santos, por cuya intercesión confiamos obtener siempre tu ayuda.

Te pedimos, Padre, que esta Víctima de reconciliación traiga la paz y la salvación al mundo entero.

Confirma en la fe y en la caridad a tu Iglesia, peregrina en la tierra: a tu servidor, el Papa N., a nuestro Obispo N., al orden episcopal, a los presbíteros y diáconos, y a todo el pueblo redimido por ti.

Atiende los deseos y súplicas de esta familia que has congregado en tu presencia.

Reúne en torno a ti, Padre misericordioso, a todos tus hijos dispersos por el mundo.

A nuestros hermanos difuntos y a cuantos murieron en tu amistad recíbelos en tu reino, donde esperamos gozar todos juntos de la plenitud eterna de tu gloria, por Cristo, Señor nuestro, por quien concedes al mundo todos los bienes.

[Doxología final]

Por Cristo, con él y en él, a ti, Dios Padre omnipotente, en la unidad del Espíritu Santo, todo honor y toda gloria por los siglos de los siglos.

P.   Amén.

ANÁFORA HISPANA

[Saludo y diálogo]

S. Me acercaré al altar de Dios.

P. A Dios, que es nuestra alegría.

S. Oídos atentos al Señor.

P. Toda nuestra atención hacia el Señor.

S. Levantemos el corazón.

P. Lo tenemos levantado hacia el Señor.

S. A Dios y a nuestro Señor Jesucristo, Hijo de Dios, que está en el cielo, demos debidas gracias y alabanzas.

P. Es justo y necesario.

[*Illatio* - de la anáfora del lunes de Pascua]

S. Es justo y necesario, Padre omnipotente, darte gracias a Ti y a tu unigénito Hijo nuestro Señor:
humillándose a sí mismo descendió hasta encontrar al que huía y trataba de esconderse.
No para hacerle perecer, una vez encontrado, sino para transformarle por su propia misericordia, libre ya de las ataduras del maligno.
En esto nos hizo saber, cuando se humillaba, que su muerte era voluntaria, y no exigida por una necesidad.
Porque no es arrastrado contra su voluntad quien, humilde, penetra en el camino de la humillación.
Quien sin una exigente presión es libre al descender, tiene poder para ascender cuando quiere.
Por eso resucitó al tercer día de entre los muertos el único que fue hallado libre entre ellos, cumpliendo así el oráculo del profeta que dice: «Nos llenará de vida al segundo día, al tercero nos elevará y viviremos en su presencia».

Conforme a esta profecía, Jonás, oculto tres días en el vientre del pez, sale de él para que se conozca el misterio de la Trinidad y su vida íntima que sólo Jesucristo conocería.

Resucitó de entre los muertos porque no estaba sujeto a la muerte el que estaba libre de pecado; ni la muerte podía tener cautivo a quien no estaba atado por las deudas del transgresor.

Se levanta de entre los muertos el que fue a la muerte como Redentor y no como pecador.

La muerte cruel, temiendo su propia muerte, pedía un plazo hasta su venida como Señor Omnipotente; y asustada por el temor de su propia desaparición, contemplaba admirada al Señor de la vida.

Temió al más fuerte al saberle inocente.

Temía como vengador a quien no había hallado como pecador.

Porque estaba escrito: «Muerte, seré tu muerte. Seré tu bocado, infierno».

Cumplidas estas cosas como lo anunciaron los profetas, los cielos, con el ejército bienaventurado de los ángeles, y también los siervos creyentes que aún peregrinan, junto con los serafines se alegran y dicen: Santo…

[*Sanctus*]

P. Santo, Santo, Santo, Señor Dios del universo.
    Llenos están el cielo y la tierra de tu majestad gloriosa.
    Hosanna al Hijo de David.
    Bendito el que viene en nombre del Señor.
    Hosanna en el cielo.
    Hágios, Hágios, Hágios, Kýrie o Theós.

[*Post-Sanctus* - de la anáfora del lunes de Pascua]

S. Realmente eres santo y bendito, Dios Padre omnipotente, que quisiste que nuestro Señor Jesucristo, tu Hijo, al tomar nuestra carne, se sometiera a la muerte para librarnos de las ataduras del pecado, y venciendo al infierno, ya libre, permaneciera junto a tu trono.

[Narración de la institución eucarística]

El cual, la víspera de su pasión,
tomó pan, dio gracias, pronunció la bendición,
lo partió y lo dio a sus discípulos, diciendo:

> Tomad y comed:
> Esto es mi Cuerpo que será entregado por vosotros.
> Cuantas veces lo comáis, hacedlo en memoria mía.

P. Amén.

S. Lo mismo hizo con el cáliz al final de la cena, diciendo:

> Este es el cáliz de la nueva alianza en mi Sangre,
> que será derramada por vosotros y por todos los hombres
> en remisión de los pecados.
> Cuantas veces lo bebáis, hacedlo en memoria mía.

P. Amén.

[Aclamación]

S. Cuantas veces comáis este pan y bebáis este cáliz, anunciaréis
la muerte del Señor hasta que venga glorioso desde el cielo.

P. Así lo creemos, Señor Jesús.

[*Post Pridie* - de la anáfora del lunes de Pascua]

S. Al realizar esto ante Ti, Padre Santo, proclamamos, hasta
su venida, la muerte de tu Hijo, causa de nuestra redención,
como él mismo nos mandó.

Anunciamos que murió por nosotros: concédenos poder
morir con él.

Creemos que resucitó: concédenos vernos libres de nuestras
caídas diarias.

Creemos y proclamamos que ha de venir a juicio: concédenos una forma de vida tal que merezcamos que su terrible
venida nos sea propicia.

Te pedimos suplicantes que aceptes y bendigas esta oblación, como aceptaste los dones del justo Abel, el sacrificio
de nuestro padre Abraham, y la oblación de tu sumo sacerdote Melquisedec.

Te pido descienda ahora invisiblemente tu bendición, como descendía en otro tiempo visiblemente sobre los sacrificios de los padres antiguos.

Suba desde este altar hasta la presencia de tu majestad, por manos de tu ángel, el agradable perfume, y envía el Espíritu que santifique la oblación y los deseos del pueblo presente que la ofrece.

Para que cuantos participemos de este Cuerpo tomemos la medicina del alma: para sanar las heridas de nuestro corazón, apartar de los sentimientos de nuestra alma las imágenes falsas, arrancar de raíz los odios y los vicios, implantar el amor eterno que cubre todos los pecados.

[Doxología genérica]

Concédelo, Señor santo, pues creas todas estas cosas para nosotros, indignos siervos tuyos, y las haces tan buenas, las santificas, las llenas de vida, las bendices y nos las das, así bendecidas por ti, Dios nuestro, por los siglos de los siglos.

P. Amén.

ÍNDICE GENERAL